für Uli

mit vielen lieben

Wünschen

zum Geburtstag!

Edith

Wien, 19.1.2002

MACHT
FREIHEIT
STAAT

BAWAG-Anthologie zur
offenen Gesellschaft

UEBERREUTER

Die Deutsche Bibliothek – CIP-Einheitsaufnahme

Macht, Freiheit, Staat : eine BAWAG-Anthologie zur offenen Gesellschaft / Bawag (Hg.). - Wien : Ueberreuter, 2001
ISBN 3-8000-3851-X

AU 0614/1

Umschlaggestaltung: Maria Schuster unter Verwendung zweier Gemälde von Dieter Preisl
Konzeption der Edition: Alfred Zellinger

Druck: Ueberreuter Print
7 6 5 4 3 2 1

Ueberreuter im Internet: www.ueberreuter.de

INHALT

VORWORT

Es gehört schon zur Tradition der »BAWAG Edition Literatur«, sich Themen anzunehmen, die neben aller Aktualität ihre Relevanz durch die Zeit behalten. Zu dieser Tradition gehören auch die mehrdeutigen Titel dieser Reihe, für deren nun vorliegenden sechsten Band wir von unseren Autorinnen und Autoren Texte zu Macht, Freiheit und Staat ebenso erbeten haben wie zur Freiheit, die, um es in heute geläufiger Weise zu sagen, wieder »Staat macht«.

»Stichwortgeber« war uns Karl R. Poppers Werk zur »offenen Gesellschaft«, deren heutige Feinde genannt werden sollten. Gefragt wurde nach Bedrohungen der Freiheit, sei es durch (neue) autoritäre Systeme, sei es durch globale Wirtschaftseinheiten – bei abnehmender Steuerungskompetenz der Politik. Themen waren auch die frei schwebenden Identitäten der »pluralistischen« Gesellschaft, Änderungen in der Arbeitswelt, Migrationen, der Umgang mit Minderheiten, das, was man »Veränderungsgesellschaft« nennt, letztlich die Entwicklung der Demokratie.

Nachdem wir im letzten Band unserer Edition »LebensKunst: KunstLeben« praktisch die Elite österreichischer Schriftstellerinnen und Schriftsteller mehrerer Jahrhunderte versammeln konnten, schien keine Steigerung mehr möglich. Doch mit den gewichtigen und namhaften Autorinnen und Autoren, Denkerinnen und Denkern dieses Bandes sollte ein zumindest adäquater Anschluss geglückt sein.

Während der Produktion dieses Bandes hat – nach den Ereignissen beim G8-Treffen in Genua und dem historischen

Drama in New York – die offene Gesellschaft ungeahnt noch eine weitere Dimension der Aktualität gewonnen: sie als eine zu präferieren, die weniger als andere Gesellschaftsformen dazu neigen mag, Formen des Terrorismus zu produzieren.

Helmut Elsner

Isolde Charim

ZWISCHEN FESTUNG UND PARADOXEM RAUM

Der Spätkapitalismus und seine Gegner

Der dieser Anthologie zu Grunde liegende Begriff der »offenen Gesellschaft« wird in der gängigen Diskussion meist durch seine Abgrenzung von der »geschlossenen Gesellschaft« bestimmt. Während Erstere vor allem durch die Freiheit, verstanden als jene des Individuums, bestimmt sein soll, wird Zweitere als Vorherrschaft der Macht verstanden. Der jeweilige Staatsbegriff, ob autoritär oder liberal, soll aus diesen unterschiedlichen Gewichtungen folgen.

Der vorliegende Beitrag weist diese Unterscheidung von offener und geschlossener Gesellschaft zurück. Er versucht darüber hinaus, eine andere Fragestellung in den Vordergrund zu rücken. Denn die Machtfrage kann nicht zugunsten des Individuums hintangestellt werden. Auch nicht in einer Gegenwart, die von einer extremen Stärkung des Individualismus geprägt ist, in einer Gegenwart, die das eigenständige, autonome Subjekt, den Unternehmer seiner selbst, zu ihrem Leitbild gemacht hat. Dieses neoliberale Subjekt ist zwar die Grundlage der ökonomischen und zusehends auch der gesellschaftlichen Ordnung (weniger jene der politischen Ordnung). Trotzdem gilt es, um das Verhältnis von Macht und Freiheit zu denken, das heißt die jeweilige politische Organisationsform zu erfassen, die Frage nach dem spezifischen Verhältnis zur Macht zu stellen. Diese Frage zu stellen bedeutet, auch in Zeiten der Vorherrschaft des neoliberalen Subjekt-Typus von einer spezifischen – ihm entsprechenden – Art von Macht auszugehen. Kurz, um zu verstehen, welcher Art diese sein kann, muss man verschiedene Machtverhältnisse, verschiedene Arten von Macht unterscheiden.

Zu diesem Zweck soll hier auf jene zwei Modelle zurückgegriffen werden, die der französische Theoretiker Michel Pecheux vorgeschlagen hat: als da wären einerseits der Typus der »Festung«, andererseits jener des »paradoxen Raumes«[1]. Diese bezeichnen sowohl zwei politische Formen als auch zwei unterschiedliche Subjekt-Typen. Ordnungen vom Typus der »belagerten Festung« funktionieren nach einer militärischen »Logik der Grenzen«: Alle gesellschaftlichen Widersprüche werden an diese verlagert und herrschen demnach nicht im Inneren vor. So ergibt sich eine klare Unterscheidung zwischen einem Innen und einem Außen. Der »paradoxe Raum«, wie er für den Spätkapitalismus kennzeichnend ist, hat hingegen eine ganz andere Funktionsweise. Dieser kennt keine feste Gestalt, er hat, so Pecheux, keine »Logik der stabilen Objekte mit festen Grenzen«. Anders gesagt – seine Grenzen sind nicht a priori feststellbar, da sie sich ständig verändern. Ursache für diese permanente Neubestimmung der Grenzen ist die berühmte Integrationskraft des Spätkapitalismus, der alle auftauchenden Widersprüche nicht nach außen verlagert, sondern integriert – was eben den »paradoxen Raum« ausmacht. Dessen Paradoxie besteht nicht zuletzt darin, kein tatsächliches Außen, das heißt keine wirkliche Unterscheidung zwischen Innen und Außen treffen zu können.
Auch dies ist gewissermaßen eine Unterscheidung zwischen einer offenen und einer geschlossenen Form. Diese betrifft aber nicht das Verhältnis von Individuum und Macht, sondern die Organisationsweise, die Form der Macht selbst.

1 Michel Pecheux, Ideologie – Festung oder paradoxer Raum? In: Das Argument, Bd. 33, Berlin 1983

Wenn wir nun davon ausgehen, in einem »paradoxen Raum« zu leben, so stellt sich die Frage, wie man sich die Macht vorzustellen hat. Das Nachrichtenmagazin »profil« hat jüngst eine in diesem Zusammenhang interessante Geschichte veröffentlicht: Es hat sich auf die Suche nach den »mächtigsten Menschen der Welt« begeben. (Anlass für diese Suche war ein Treffen des deutschen Bundeskanzlers mit österreichischen Intellektuellen und Vertretern der Zivilgesellschaft, wo dieser auf die Frage nach den fünf Mächtigsten der Welt ins Stocken geriet. Nach George Bush, Jiang Zemin und Bill Gates wusste Gerhard Schröder nicht mehr weiter. Vielleicht der Chef eines globalen Kommunikationsunternehmens oder ein internationaler Popstar, der das Bewusstsein der Menschen beeinflussen kann ... Nur eines war klar: europäischer Politiker war keiner darunter.)

Den anwesenden »profil«-Redakteur regte wohl genau die Unvollständigkeit und Zögerlichkeit der Antwort dazu an, der Frage »Wer hält die Macht in Händen?« nachzugehen. Die Schwierigkeiten, die diese Frage bereitet, zeigte sich deutlich an folgendem Widerspruch: Einerseits prangte eine Weltkugel am Cover, die zahlreiche prominente Gesichter zierten, andererseits unterstrich der dazugehörige Text im Blattinneren die »Anonymität der modernen Macht«. Und nicht zufällig wurde dabei auf *den* Machttheoretiker unserer Zeit, auf Michel Foucault, verwiesen. Von diesem haben wir gelernt, die Macht als »Struktur« zu verstehen. Dies bedeutet, dass die Macht nicht als Ding vorstellbar ist, welches ein (oder mehrere) Mächtige in Händen halten, sondern als spezifisches Verhältnis zwischen den Individuen, als »Strategie«, wie Foucault schreibt: kein Eigentum, sondern etwas, das sich entfaltet. Und es bedeutet weiter, dass diese Art von Macht – im Unterschied etwa zu der »monarchischen Macht« mit ihrem Theater und ihren Zeremonien, in denen sie sich manifestiert – schwer lokalisierbar ist. Denn das Kennzeichen der modernen Macht ist ihre »Unsichtbarkeit«. (Die Unbestimmbarkeit der Macht verstärkt sich noch durch die aktuell immer wiederkehrende Frage, wieweit die Politik noch steuerungsfähig sei oder ob sie längst zugunsten der großen Konzerne oder der Börse abgedankt hätte. Globalisierung meint nicht nur die Verflechtung weltweit agierender Konzerne, sondern auch die Ersetzung der politischen Kategorien durch wirtschaftliche.)

Eingedenk des berühmten Foucault-Wortes, wo Macht ist, da ist auch Widerstand, muss man sich vor Augen halten, dass solch eine Art von Macht auch eine spezifische Art von Widerstand hervorruft: Der »paradoxe Raum« ist nicht nur einer der dezentralen, ungreifbaren Machtnetze. Er ist auch jener von zusehends polymorphen, vielgestaltigen Widerstandsformen, die sich noch in keinem Mythos, in keinem Sinnbild verfestigt haben.

In dieser Funktion finden wir nicht das Individuum wieder, das revoltiert – aber auch nicht das zur Parteiform geronnene Aufbegehren. An dieser »Stelle« steht heute eine neue Art von Institution: die so genannten NGOs. Diese existieren weltweit, in allen Größenordnungen, von kleinsten lokalen Gruppierungen bis hin zu großen, international agierenden Organisationen (wie etwa Greenpeace). Die Palette der NGOs reicht von Betroffenen-Initiativen bis hin zum Engagement für allgemeine Anliegen. Auffällig ist auch, dass diese »neue Internationale« zwar überall zu finden ist, aber keinen wirklichen Ort hat. So wie sie auch keine übergeordnete Organisation und Repräsentation hat – auch wenn sie dank der neuen Technologien zu einer immer fortschreitenden Vernetzung gelangen. Trotz dieser Verbindungen bleiben die »NGO-Schwärme«, wie der »Economist« sie genannt hat, letztlich gestaltlos in ihrer Vielgestaltigkeit und Führungslosigkeit. Und darin sind sie ihrem Gegenüber, der Macht – etwa in Form der Anleihenmärkte, die keiner mehr vollständig beherrscht – nicht unähnlich.

Aber die Macht und der Widerstand gegen sie bedürfen

auch im »paradoxen Raum« jener Begegnung, wie sie in der Festung sozusagen vorgegeben ist: Sie bedürfen der Konfrontation. Seit Seattle hat sich diese Art von Treffen mit einer gewissen Regelmäßigkeit wiederholt, sodass man diesbezüglich schon von einem »Ritual« spricht. Was nun bei diesen Treffen stattfindet, ist eine besondere Art der Inszenierung. Deren herausragendstes Merkmal besteht darin, dass beide Seiten sich durch die Konfrontation gewissermaßen erst formieren.

Grundlage dieses besonderen Effekts ist die totale Abriegelung, hinter der sich die Macht wie in Prag oder in Salzburg verschanzen muss. (Bisheriger) Höhepunkt dieser Entwicklung war wohl Genua mit seiner »roten Zone«. (Dazu gehören auch Ideen wie die Errichtung eines Tagungsbunkers in Brüssel oder die Abhaltung von Gipfeltreffen auf einem Schiff oder gleich im All, wie Fidel Castro vorschlug.)

Bei alldem geht es letztlich immer um eine Grenzziehung – eine Grenzziehung, deren Aufgabe es ist, zwei Bereiche völlig voneinander zu trennen. Der eine Bereich ist jener der »Macht«. Diese wird durch die polizeilichen Abriegelungen gewissermaßen exterritorialisiert. Die anonyme, ungreifbare Macht wird in einen Sonderraum jenseits des normalen Lebens verlegt und jeglichem Zugriff entzogen. Dadurch wird die moderne Macht, von der unklar ist, wo sie liegt und wer sie in Händen hält, gleichzeitig auch verortet. Die polizeilichen Grenzlinien lassen einen sichtbaren »Ort« dieser unsichtbaren Macht entstehen. Dadurch ist klar, dass die Grenzziehung nicht nur zwei Bereiche trennt, sondern auch eine Hierarchie zwischen diesen vorgibt. Sie schafft ein Zentrum, von dem aus die Proteste in eine Peripherie verwiesen werden. Anders gesagt – sie schafft eindeutige Verhältnisse: Macht ist, was diesseits dieser Grenzlinie ist, der Protest gegen sie findet sich jenseits. Damit erhält man wieder eine distinkte Unterscheidung zwischen Innen und Außen, eine Unterscheidung, die den »paradoxen Raum« kurzerhand –

zumindest in der Symbolik einer realen Raumtrennung – wieder in eine »Festung« verwandelt.
Die neue Sichtbarkeit der Macht bedeutet aber auch deren – neue – Repräsentation: So versammelten sich etwa in Genua acht Männer mit ihren Konzepten zur »Förderung der Demokratie«, von denen einer sich gerade die Präsidentschaft erschlichen hatte, ein anderer in einen Genozid-Krieg verwickelt ist, ein dritter sich wegen flagranter Korruption verteidigen muss und der vierte wahrscheinlich mit der Mafia unter einer Decke steckt. Innerhalb ihrer Luxusfestung nahmen sich diese nun bei »Fahnen und Wappen, heraldischer Symmetrie und historisierendem Gepräge Anleihen«[2], um in der Logik der Symbolik, die hier eröffnet wurde, ein Bild der Macht abzugeben, der es an einer eigenen Bildersprache gebricht.

Gleichzeitig bringt die Umgestaltung der Tagungsorte nach militärischen Gesichtspunkten auch eine militärische Logik hervor: Die reale Grenze lässt einen symbolischen Kampfplatz entstehen, wo es wieder Sieg und Niederlage geben kann. So zieht die Grenze alle Begehrlichkeiten an. Die Demonstranten pilgern immer wieder zu ihr, um sie zu überwinden. Das »Eindringen« in diese Zone wird zu ihrem vordringlichsten Ziel – als wäre die Durchbrechung der Sperren irgendeine Art von Erfolg (ganz so wie die Verteidigung der Festung gegen die Anrennenden für die Gegenseite).

So kommt es, dass eine »falsche« Konfrontation an einem »falschen« Schauplatz trotzdem ein Stück weit jene »wahre Politik« hervorbringt, von der Pierre Bourdieu im Unterschied zum »Theater der Politik« spricht: Hier korrespondiert eine doppelte Bedrohung der Freiheit (jene unmittelbare durch die Absperrungen, Einschränkungen der Bewegungs- und Versammlungsfreiheit und jene im globalen Aus-

2 Klaus Kreimeier, in: Die tageszeitung, 31. 7. 2001

maß durch den beschleunigten Kapitalismus) mit einer »wahren« politischen Sehnsucht nach Teilhabe und Mitsprache. Funktioniert die erste Bedrohung der Freiheit wie das Symptom der zweiten – das heißt als verschobene Inszenierung eines Konflikts –, spiegelt die symbolische Festung die reale »Festung Europa« mit ihren Abschiebungen und ihrer Asylpolitik wider, so stellt sich die Frage, inwieweit das Verlangen nach Partizipation sich dabei befriedigt und inwieweit es sich realisiert. Die Antwort auf diese Frage ist alles andere als eindeutig.

So ist zunächst einmal klar, dass sich durch diese Konfrontation nicht nur ein Bild der Macht, sondern auch die anonyme, dezentrale Protestbewegung gewissermaßen formiert. Ihr wird an diesem »anderen Schauplatz« (Freud) nicht nur ein Ort – das Außen – zugewiesen, sondern auch eine Gestalt – und zwar gleich eine doppelte: eine gute und eine böse. Alle Kommentatoren beeilen sich, die Randalierer von jenen zu unterscheiden, die ein inhaltliches Anliegen vertreten (von kirchlichen Vertretern bis hin zu Menschenrechts-NGOs). Während Erstere vornehmlich mit der Polizei kommunizieren, richten sich Zweitere an die Regierungschefs und »Weltenlenker«. Während Ersteres als immer härtere Konfrontation zustande kommt, findet Zweiteres nicht statt. Es kommt also nur zu einer Begegnung mit dem Gegner – den Polizisten auf der Straße –, nicht aber mit dem Feind, dem weltweiten Kapitalismus – auch nicht in seiner verbildlichten Form: Die friedlichen Demonstrationen finden in einer paradoxen Parallelität zu den diversen Tagungen statt – ohne Berührungspunkte.

Bedeutet dies aber schon, dass die Anti-Globals sich in einer falschen Konfrontation erschöpfen und aus der Sicht der Mächtigen kein Gegenüber darstellen? Eine schwierige Frage, wenn man bedenkt, dass sie sich gleichzeitig sehr wohl immer mehr zu einem neuen *Player* entwickeln.

Das Paradoxe daran ist, dass sie diese Geltung nur dadurch erlangen, dass die weltweite Zivilgesellschaft ihre »Krallen« zeigt, wie es Thomas E. Schmidt in der *Zeit* formuliert hat. Im Unterschied zu anderen politischen Akteuren verfügen Protestbewegungen über keinen Zugang zur Macht. Deshalb brauchen sie öffentlichkeitswirksame Inszenierungen. Aufmerksamkeit ist die Währung, in der sich ihre Anerkennung berechnet. Die Paradoxie daran ist bekannt: Solche Aufmerksamkeit wird den Protestierern nur aufgrund der Randale zuteil. Es ist ein Gemeinplatz, dass im Medienzeitalter erst die so genannten Ausschreitungen die Schwelle des Bildwerts überschreiten: Die Randale eröffnen jenes »Feld der Sichtbarkeit«, auf dem die so genannten »seriösen« Anliegen und Inhalte überhaupt erst wahrgenommen werden. So wird die Straße, besser gesagt die »Zonengrenze«, zur zweiten Bühne – neben jener der Gipfeltreffen. Der friedliche Widerstand verlöre sich im »medialen Rauschen« (Klaus Kreimeier) ohne die Gewalt – während der andere, der gewaltsame Widerstand einen realen Raum zu seiner Artikulation erhält, die keine ist.

Das Besondere an dieser Straßengewalt ist, dass sie – im Unterschied zu den siebziger Jahren – keiner »Propaganda der Tat« mehr anhängt, auch nicht den autonomen Phantasien der Schaffung befreiter Zonen durch Straßenmilitanz. Heutzutage wird die brennende Barrikade in aller Kühle »an ihrem PR-Wert« gemessen[3]. Deshalb sollte die Gewalt nur in kleinen Dosen, in symbolischen Überschreitungen stattfinden.

Doch die Dynamik der Mediengesellschaft ist nicht auf Homöopathie ausgerichtet. Sie funktioniert nur durch Steigerungen. Nach dem EU-Gipfel in Göteborg, wo die schwedische Polizei bereits mit scharfer Munition vorging, kam der

3 Robert Misik, in: Die tageszeitung, 25. 7. 2001

erste Tote in Genua, der 23-jährige Carlo Giuliani, gewissermaßen »erwartet«.

Dies ist jedoch nur die eine Seite, von der aus die Anti-Globals in Bedrängnis geraten. Wie in einer Klammer werden sie auch von der anderen Seite unter Druck gesetzt: Nachdem die Kommentatoren die *Good Guys* von den *Bad Guys* unterschieden haben, wird – in einem zweiten Schritt – den Guten, den mit den »seriösen« Anliegen, vorsichtshalber noch die inhaltliche Kompetenz abgesprochen. Die Forderung der Kommentatoren nach schlüssigen Alternativen, die die »neue Internationale« vorlegen sollte, verfehlt jedoch den Kern der Sache. Um das zu verstehen, muss man sich die Spezifik dieser »Bewegung« vor Augen halten. Dies ist kein Klassenkampf im klassischen Sinn. Denn im Unterschied zur Arbeiterbewegung handelt es sich hierbei nicht in erster Linie um das Engagement der Betroffenen selbst. Ebenso wenig sind es Leute, die produktiver Teil jenes Prozesses sind, gegen den sie protestieren: Sie sind nicht Elemente der unmittelbaren Kapitalbildung, wie etwa die Arbeitskraft im Produktionsprozess, die an dieser Stelle auch intervenieren konnte. Im Sinne der Parole: »Alle Räder stehen still, wenn unser starker Arm es will!«

Die Anti-Globals unterscheiden sich aber auch von den so genannten sozialen Bewegungen, insofern sie keine partikularen Interessen vertreten, sondern wieder einen – eigentlich verabschiedeten – universellen Standpunkt einnehmen: Die verschiedenen Partikularismen verbinden sich zu einem neuen Universalismus, der Umweltschutz ebenso einbegreift wie den Kampf gegen die Kinderarbeit und jenen für die Gleichstellung der Frau. Es ist also nicht nur eine geographische Globalisierung des Protests, sondern auch eine inhaltliche, politische.

Trotzdem unterscheiden sie sich auch von den rebellierenden Achtundsechzigern. Denn Ziel des Protests ist nicht die

Revolution, ebenso wenig wie dessen Grundlage eine gesellschaftliche Utopie im Sinne eines Gegenmodells ist.

Während die Kommentatoren nach Gegenentwürfen rufen, die ein Außen des globalisierten Kapitalismus wären, operieren die Globalisierungskritiker in Anerkennung von dessen Spezifik: Sie präsentieren keine utopischen Alternativmodelle, die die viel gerühmte Kraft des Spätkapitalismus, alles – auch alle gegen ihn gerichteten Widersprüche – integrieren zu können, leugnen würde. Sie präsentieren vielmehr Regulierungen innerhalb desselben. Die Gegner des Kapitalismus haben gelernt, dass dieser jedes Gegenmodell zu integrieren vermag. So versucht die Wirtschaft auf diesen fahrenden Zug aufzuspringen und selbst noch die gegen sie gerichtete Gegenmacht zu organisieren, indem sie zunehmend humanitäre Anliegen unterstützt, um so »dem Konsum bestimmter Marken einen Sinn zuschreiben zu können«, wie ein führender Konzernmanager ausführte. Anders gesagt, die unerbittliche Logik des Marktes hat hier ein neues Feld der Verwertbarkeit entdeckt und damit die ökonomische Seite der Konfrontation: wie etwa jene Firmen, die sich darauf spezialisiert haben, vor jedem Gipfel Geschäftslokale blitzschnell in Bioläden und Ähnliches zu verwandeln, um sie vor Zerstörung zu schützen.

Gleichzeitig zeigt ihr Protest, dass dieser »paradoxe Raum« seine »Grenzen« hat – dort nämlich, wo er in sein Gegenteil, in eine »Festung« umschlägt (und sei diese bloß symbolischer Natur). Denn hier wird eine neue Subjektivität hervorgebracht – und diese ist ein reales Außen. Die Besonderheit der Anti-Globals liegt nicht anderswo als in ihren Interventionen, anders gesagt in dem unglaublichen Maß an Selbstmobilisierung, das sie hervorzurufen imstande sind. Als solche sind sie die direkte Antwort auf das neoliberale Subjekt, den Unternehmer seiner selbst. Während dieses die ökonomisch verwertbare Eigeninitiative verkörpert, die »Ausrichtung des eigenen Lebens an betriebswirtschaftlichen

Effizienzkriterien«[4], zeigen die Anti-Globals eine andere Art der Eigeninitiative – mit einem neuen Typus von dezentraler Bewegung, ohne zentrale Identifikationsfigur. Seit Genua hat sie hingegen ein erstes Opfer.

4 Thomas Lemke, Susanne Krasmann, Ulrich Bröckling, Gouvernementalität der Gegenwart, Frankfurt am Main 2000, S. 30

Ralf Dahrendorf

ZUR OFFENEN GESELLSCHAFT UND IHREN FALSCHEN FREUNDEN

Ich erinnere mich an ein Gespräch mit Karl Popper, kurz nach seinem 75. Geburtstag. Ich war bei ihm zu Hause und er zeigte mir stolz die Glückwünsche, die er zu seinem 75sten erhalten hatte – vom deutschen Bundeskanzler Schmidt, vom damaligen deutschen Oppositionsführer Kohl und natürlich von Hans-Dietrich Genscher, vom österreichischen Bundeskanzler Kreisky und von Oppositionsführer Taus und von Herrn Peter, und er fand das alles großartig. Ich hab dann zu ihm gesagt: »Beunruhigt dich das nicht, Karl, dass du aus allen Himmelsrichtungen der Politik solche Glückwünsche kriegst und dadurch dein Bild doch durchaus unklar wird?« Und darauf hat er gesagt: »Nein, warum denn, jeder weiß doch, wofür ich stehe.«

Sicher ist, dass Poppers »Offene Gesellschaft« sich gegen alles Totalitäre gewendet hat. Er hat ja selber von seinem Buch »Die offene Gesellschaft und ihre Feinde« gesagt, es sei sein Beitrag zum Kampf gegen das Nazi-Regime gewesen, ein Beitrag, den er in der Emigration im fernen Neuseeland geschrieben hat und der dann in der Tat in der Nachkriegsdiskussion eine große Bedeutung hatte. Er war überzeugt, dass Menschen sich nicht mit dem begnügen, was existiert, sondern nicht müde werden, neue Wege zu erkunden. Was aber, wenn Menschen aufhören, neue Wege zu suchen, wenn Desinteresse und Apathie anstelle der Initiative treten?

Eine Abkehr vom politischen Gemeinwesen, eine Abwendung von der Politik erlaubt den Herrschenden ungestörtes Herrschen. Insoweit ist das Nicht-mehr-Versuchen, die Nicht-Teilnahme Teil einer Tendenz, die ich manchmal als den neuen Autoritarismus beschrieben habe.

Autoritäre Herrschaft ist nicht totalitäre. Totalitäre Herrschaft heißt, dass die Herrschenden ihre Untertanen ständig organisieren und mobilisieren. Aufmärsche, organisierte Aufmärsche und alles, was dazugehört, sind ein Teil der totalitären Realität.

Autoritär ist etwas ganz anderes. Die Herrschenden sind ganz zufrieden, wenn niemand sich um sie kümmert, sie lassen die Leute auch allein, solange sie nicht Opposition betreiben, solange sie also nicht aktive Kritik ausüben. Sie führen ihre Herrschaft fort mit einem politisch apathischen Publikum und machen doch all die Irrtümer, die Herrschende immer machen, wenn sie nicht lebhafter Kritik und Auseinandersetzung ausgesetzt sind.

Darum – und dies ist mein erster Punkt – darum scheint mir die Ermunterung zur Teilnahme heute selbst eine Grundforderung zur Erhaltung der Demokratie. Staatsbürger, Bürger haben nicht nur Rechte, sondern sie müssen auch zur aktiven Teilnahme am Geschehen ermutigt und ermuntert werden. Die Vorstellung des passiven Bürgers ist nicht vereinbar mit dem Überleben einer lebendigen Demokratie. Daher ist alles, was getan wird und was getan werden kann um Menschen zu ermuntern – immer wieder Neues zu versuchen, sich immer wieder in die öffentlichen Dinge einzuschalten und einzumischen –, eine Grundvoraussetzung der Demokratie.

Das zweite aktuelle Thema betrifft ebenfalls eine stillschweigende Annahme von Popper. Wenn Popper von der »offenen Gesellschaft« sprach und von der »offenen Gesellschaft und ihren Institutionen«, meinte er den Nationalstaat als Rahmen der Entscheidungen. Wenn er über die Demokratie als Möglichkeit des Wechsels ohne Gewalt sprach, war es die nationalstaatliche Demokratie, die er im Sinn hatte. Was aber geschieht, wenn Macht in zunehmendem Maße in Räumen ausgeübt wird, für die wir keine Institutionen haben, wie die der parlamentarischen oder repräsentativen Demokratie im Nationalstaat? In Räumen, in der Tat, für die es keinen »demos« gibt, der die Demokratie begründen kann, wie ist dann Wandel ohne Gewaltausübung möglich, wer zieht die Mächtigen dann zur Verantwortung?

Soweit ich es sehen kann, ist einstweilen kein rechtes Zeichen dafür zu erkennen, dass Europa als organisiertes Europa, als EU-Europa, den Grundsätzen der offenen Gesellschaft entspricht. Es hat ja eine eigentümliche Konstruktion, eine Konstruktion, bei der der Ministerrat die eigentliche Legislative ist, woran die Mitentscheidungsrechte des Parlaments einiges, aber nicht sehr viel ändern. Gesetzgebende Entscheidungen werden hinter verschlossenen Türen getroffen, Versuch und Irrtum – dafür gibt es im europäischen Bereich kaum sehr sichtbare Ansätze. Wandel ohne Gewaltausübung – nun, schwer kann man dafür Beispiele finden. Einstweilen werden vielfach die Bürger Europas mit schönen Worten über die erstrebenswerte Zukunft und das, was eines Tages alles geschehen wird, getröstet. Für mich ist es eine Quelle der Beunruhigung, dass alles, was an Entscheidungen nach Europa transportiert wird, demokratischer Kontrolle weitgehend entzogen wird. Europa heißt weniger Demokratie.

Ich bin mit großem Zögern und beträchtlichem Bedauern zu dem Schluss gekommen, dass in diesen diffusen Räumen die Prinzipien der offenen Gesellschaft – Versuch und Irrtum, Wandel ohne Gewalt – nicht eingelöst werden können durch Institutionen der parlamentarischen Demokratie. Es hat keinen Sinn, von einem Weltparlament zu träumen, das mit Hilfe einer Weltregierung global agierende Unternehmen zumindest an die Grundregeln erinnert, die ein funktionierender Markt verlangt. Es sind also nicht die alten, repräsentativen Institutionen – obwohl ich nicht missverstanden werden möchte – nach meinem Urteil bleiben nationalen, demokratischen Institutionen auf lange Sicht wichtige, oft entscheidende politische Entscheidungen vorbehalten und daran wird sich auch nicht viel ändern. Im ganzen Bereich der Sozialpolitik gilt das und weitgehend auch in der Bildungspolitik und in anderen direkt Menschen betreffenden Bereichen.

Aber es bleibt dieses Stück der für uns wesentlichen Entscheidungen, bei denen die alten Institutionen nicht übertragbar sind und wir daher eine neue, institutionelle Phantasie brauchen.

Gewaltsame Proteste anlässlich der Weltwirtschaftsgipfel beweisen, dass offenkundig institutionelle Möglichkeiten fehlen, um Kontrolle auszuüben und dem Interesse der Bürger Ausdruck zu verschaffen. Was kann man sich hier an Institutionen vorstellen? Meine eigene Reflexion – und hier werde ich sehr zögernd und es kann durchaus sein, dass ich da ganz falsch liege – führt mich dahin, zu sagen, dass wir in manchen dieser Bereiche so etwas brauchen wie wirksame Gegenexperten, eine Art politische, im weitesten Sinn Rechnungshof-Funktion. Eine Kontrolle durch Personen, die wissen, worum es geht, die auch die oft technischen Einzelheiten von Entscheidungsprozessen verstehen, aber selber nicht in diese Entscheidungsprozesse eingebunden sind. Dabei besteht immer die Gefahr, dass diejenigen, die kontrollieren, entweder zu nahe sind an denen, die sie kontrollieren, und daher manchmal auch allzu leicht die Grenze zwischen Kontrolle und Teilnahme überschreiten oder zu weit weg sind und daher nicht wirksam in der Lage sind, solche Kontrolle auszuüben. Aber es fällt mir schwer, irgendwelche anderen institutionellen Methoden zu erfinden, die sich in den diffuseren Räumen bewähren können – wie etwa der Rechnungshof in Europa eine nützliche Rolle spielt.

Mir scheint also, dass man in dieser Richtung einmal prüfen sollte, welche Art von Einrichtung sinnvolle Kontrollaufgaben wahrnehmen könnte. Eine einfachere Antwort ist natürlich, dass das Internet – um die Formel zu verwenden – einen großen Vorteil mit sich bringt: Information ist grundsätzlich verfügbar, es ist viel schwieriger, sie geheim zu halten, es ist also grundsätzlich sehr viel leichter möglich heute, Informationen zu sammeln und zu publizieren, die ja die Entscheidungsträger betreffen, die sich den normalen, den alten politischen Räumen entziehen. Und dann gibt es glücklicherweise erste Ansätze für die Schaffung von rechtlichen Einrichtungen, die weit über die Grenzen der nationalen Politik hinausreichen – Beispiel internationaler Strafgerichtshof –, leider vom neuen amerikanischen Präsidenten gebremst. Das sollte uns aber nicht davon abhalten, auch diesen Weg weiter zu beschreiten, sodass also in einer Verbindung von rechnungshofartigen Institutionen, Publizität und rechtlichen Einrichtungen erste Ansätze der Kontrolle von internationalen, von weltweiten Entscheidungen geschaffen werden können. Das ist nicht sehr viel und ich muss hinzufügen, es gibt noch andere Gefährdungen der Demokratie, von denen ich nicht gesprochen habe, von denen wir aber vielleicht in der Diskussion sprechen können.

Die wachsende Macht der Exekutive ist selbst ein interessantes Problem, mit dem ich als Parlamentarier der merkwürdigen Art – nämlich nicht gewählt, sondern ernannt – viel zu tun habe, ebenso die antidemokratischen Strömungen, insbesondere von rechts, in vielen Ländern der Welt, vielen Ländern Europas.

Man kann manches Weitere erwähnen, aber ich wollte zwei Punkte hervorheben. Das alles verlangt institutionelle Phantasie, es verlangt auch Handeln, es verlangt überlegtes Handeln und überlegtes Handeln kann nur stattfinden, wenn wir wissen, worum es geht, und wenn wir uns mit programmatischen Vorschlägen auseinander gesetzt haben.

Dieser Text wurde aus dem Band »Die offenen Grenzen der Demokratie« (»Offene Reihe« Band 2), hrsg. vom »Institut für eine offene Gesellschaft«, entnommen. Impulsreferat anlässlich der von Heide Schmidt initiierten Gründung des Instituts am 18. 02. 2001 in der Nationalbibliothek.

Leopold Federmair

DIE KÜSTE DER FREIHEIT

1

Wer reist heute noch mit dem Schiff? Niemand. Ein paar Neureiche, die nach dem Luxus vergangener Zeiten haschen. Eine Hand voll Techniker, die die Automatik der Frachter überwachen. Scharen von Habenichtsen, die auf rostigen Kähnen die Festung Europa bestürmen (eine Festung, die sagenhafte Reichtümer birgt).

2

Das Jahr 1989 verbrachte ich in Sizilien. Es war das Jahr, in dem die Mauer fiel. Jeder weiß, was gemeint ist: die Mauer, die Berlin in zwei Teile teilte; und die nicht fiel, sondern überrannt, ignoriert, zerstört wurde. Eines Morgens im November nahm ich in Trapani den Bus nach Erice. Dieses Dorf liegt hoch über dem Meer, die dort hinführende Straße macht Serpentinen und Spitzkehren. Außer mir waren nur zwei Fahrgäste im Bus, die mit dem Chauffeur bekannt waren. Während er das Fahrzeug mit der üblichen traumwandlerischen Sicherheit die Abgründe entlanglenkte, blickte der Chauffeur in den Rückspiegel, um die Gesichter der Gesprächspartner im Augenwinkel zu behalten. Er erzählte von den Bildern in den Fernsehnachrichten am Vorabend. Er schien sehr zufrieden zu sein. Die Leute, berichtete er, hatten auf der Mauer getanzt. Das hatte ihm gefallen. Es war ein wunderbares Schauspiel gewesen. Die beiden Fahrgäste, alte, verdorrte Männer, nickten. Sie hatten das Schauspiel versäumt. Ich selbst schaute während der Fahrt auf die Muster der Meeresfläche tief unter uns; die weißen Rechtecke der Salzberge vor der Küste; die dunklen Höcker der Inseln weiter draußen. Ich dachte: Was geht mich das an, Berlin. Ich dachte: Was soll diese Hysterie. Später, abends, sah ich in Erice einen der beiden Fahrgäste still vor seiner Haustür sitzen.

3

Festung Europa, das war ein Begriff, den die deutschen Nationalsozialisten aufbrachten. Mitte des zwanzigsten Jahrhunderts. Die europäischen Küsten, die Grenzen des deutschen Herrschaftsraums, sollten geschützt werden vor Feinden, die übers Meer kamen. Eine Kette von Bunkern wurde errichtet, die Küstenlinie mit Verteidigungsposten gespickt. Die unzerstörbaren Bunker kann der Spaziergänger heute als Kuriosa bewundern. Der beschauliche Spaziergänger wird eine ganze Betonromantik entdecken. »Das Weltall ist in uns«, sagte Novalis. Einige Bunker stehen so abweisend da wie eh und je. Andere dienen als Museen oder Kulturzentren. Wieder andere wurden von den Dünen verschluckt. Andere von Flechten oder Gestrüpp überwachsen. Einige sind gekippt. Paul Virilio hat ein Buch über das alles geschrieben: *Bunkerarchäologie*. In diesem Buch steht der Satz: »Die Bunker der europäischen Küste sind von Anfang an Grabsteine des deutschen Traums.«*

4

Vergleiche hinken. Sie haben zwei ungleiche Beine. Ein Vergleich ist eigentlich ein Ungleich. Nichts ist gleich; alles ist Vergleich. Machen Sie sich Ihren eigenen Reim. Man sagt, die europäische Küste sei Ende des zwanzigsten Jahrhunderts, nach dem Fall der Mauer, erneut befestigt worden. Man sagt, die sizilianische Küste gehöre zu den bestbewachten. Der Ansturm sei an der sizilianischen, kalabrischen und apulischen Küste besonders heftig. Man sagt, nachdem die Berliner Mauer zerstört und der Eiserne Vorhang niedergemacht worden seien, habe man neue Mauern und Vorhänge errichtet, um Freiheit und Wohlstand zu schützen. Einige bezeichnen es als Ironie der Geschichte, dass die Regierenden uns Westeuropäer, die wir in Freiheit, aber auch Wohlstand leben, heute vor demselben Menschenschlag schützen, den sie (also wir) vor dem Fall der Mauer um teures Geld von der anderen Seite herübergekauft haben. Die Verhältnisse haben sich umgekehrt und sind gleich geblieben.

5

Ungefähr ein Jahrzehnt nach dem Zweiten Weltkrieg spielt Leonardo Sciascias Erzählung *Die lange Reise*. Es ist eine fast anonyme Geschichte, die hier erzählt wird: nur der Bösewicht, der Betrüger, erhält einen Namen, während die betrogenen sizilianischen Bauerntölpel als Gruppe auftreten, aus denen sich kaum ein Individuum löst. Diese Männer aus Dörfern in ausgedörrten Landstrichen verkaufen ihr geringes Hab und Gut, um nach Amerika auszuwandern, wo sie, wie sie glauben, so viele Dollars verdienen werden, dass sie sich das Geld lässig in die Hosentaschen stopfen können. Sie zahlen zweihundertfünfzigtausend Lire an Signor Melfa, der wie eine Art Handelsvertreter aussieht und sie übers Meer zu bringen versprochen hat. An einem Strand zwischen Gela und Licata gehen sie nachts an Bord. Schon nach elf Tagen Fahrt (anstelle der angekündigten zwölf) erreichen sie, wiederum nachts, eine Küste, die sie für die amerikanische halten, so reich funkeln in ihren Augen die Städte. Im Schutz der Dunkelheit marschieren sie landeinwärts. Die Fiat 500 und 600, die sie auf der Straße vorüberfahren sehen, halten sie für Spielzeugautos, die die reichen Amerikaner ihren Kindern schenken. Auch als sie auf das Straßenschild mit den Ortsangaben *Santa Croce Camarina – Scoglitti* stoßen, schöpfen sie noch keinen Verdacht. Erst nachdem sie ein Auto angehalten haben, um rascher nach »Trenton« zu kommen, und vom Fahrer beschimpft werden, wird ihnen klar, dass sie sich nur wenige Kilometer vom Ort ihrer Einschiffung entfernt haben. Die lange Reise hat sie zurück an die sizilianische Küste gebracht und Signor Melfa hat sich in der Zwischenzeit samt ihrem Geld aus dem Staub gemacht.

6

Sciascia ist ein arabischer Name. Vom neunten bis zum elften Jahrhundert war Sizilien arabisches Herrschaftsgebiet, zahlreiche Orte wurden von Nordafrika aus kolonisiert. Tausend Jahre später begann die Auswanderungsgeschichte der Sizilianer, sie fällt mit der weltweiten Industrialisierung und der Schaffung eines italienischen Nationalstaats zusammen. Die Habenichtse der großen Bauernfamilien gingen nach Nord- oder Südamerika, sie landeten in New York oder Buenos Aires. Im zwanzigsten Jahrhundert setzte die innereuropäische und inneritalienische Migration ein. Als ich in Sizilien, es war im selben Jahr 1989, wenige Monate vor dem Mauerfall, eine Verletzung erlitt und operiert werden musste, rieten mir meine sizilianischen Bekannten, den Eingriff im Norden vornehmen zu lassen. Ich fuhr nach Bergamo, wurde dort von einem Arzt aus Racalmuto, dem Heimatort Sciascias, operiert. Einige meiner Studenten an der Universität Catania waren Kinder von Auswanderern, die aus Deutschland oder Belgien zurückgekehrt waren. Sie sprachen Deutsch oder Französisch mit dem Akzent des Orts, an dem sie aufgewachsen waren. Italien, selbst Sizilien, war inzwischen zu einem Einwanderungsland geworden. An der Via Etnea, der Straße, die zum Ätna hin ansteigt, boten dunkelhäutige Männer ihre billige Ware zum Verkauf.

7

Die folgende Geschichte, sie spielt im Juli 2001, hat keinen Erzähler. Vielleicht würde Sciascia sie erzählen, wäre er noch am Leben. Am Strand von Santa Croce Camarina, zwischen Scoglitti und Punta Secca, entdeckten sizilianische Fischer noch vor Sonnenaufgang zwei leblose Körper. Sie verständigten die Küstenwache, die drei weitere Leichen und elf überlebende Ankömmlinge aufspürten. Etwas später hielt eine Polizeistreife auf der Straße nach Santa Croce Camarina zwei Männer, zwei Frauen und zwei Kinder an. Tags darauf wurde ein weiterer Schiffbrüchiger festgenommen und in ein Flüchtlingslager gebracht. Dieser Mann hatte eine Gehirnerschütterung erlitten und war eine Zeit lang bewusstlos im Meer getrieben, ehe er sich an den Strand retten konnte. Er war ein Berber aus Algerien, sprach leidlich Englisch und berichtete, dass er zusammen mit einer Gruppe junger Männer aus seinem Dorf das Land verlassen habe. Ein Geschäftsmann aus Tunis habe sie mit einem Schiffsbesitzer zusammengebracht, der sie für fünfhundert Dollar nach Malta übergesetzt habe. In Malta hätten sie mit einer Gruppe von Italienern Kontakt aufgenommen, die sie zusammen mit etwa vierzig anderen Personen auf einem Schnellboot nach Italien bringen sollten. *Italien*, habe es geheißen, aber die meisten hätten immer wieder *Deutschland* gesagt, *Germany*, und einige hätten auch *Amerika!* gerufen. Er habe sich mit diesen Leuten, die einen Teil ihrer Koffer und Bündel in Malta zurücklassen mussten, nur schlecht verständigen können, weil ihr Dialekt ein ganz anderer sei als der ihm bekannte. Sie stammten aus dem Irak, die meisten von ihnen seien Kurden gewesen. Die Überfahrt habe nicht sehr lange gedauert, einige Stunden, die halbe Nacht. Sie hätten sich beim Sitzen abwechseln müssen, weil das Boot überfüllt war. Vor der Abfahrt hätte jeder noch einmal tausend Dollar bezahlen müssen. Eine Familie, die fast kein Geld mehr hatte, habe zurückbleiben müssen. Der Mann habe gedroht, sich ins Meer zu stürzen. Die Italiener hätten gelacht. Er selbst, sagte der Berber, habe sich auf eine lange Reise vorbereitet gehabt. Proviant für zwei oder drei Tage, sonst kein Gepäck, seinen Besitz habe er in Algerien verkauft. Er habe vierhundert Dollar in einen Gurt eingenäht mit sich geführt. Den Gurt und das Geld habe ihm später das Meer gestohlen. Nachdem sich das Boot von Malta entfernt hatte, habe der Kapitän den Motor aufheulen lassen wie bei einem Motorrad. Das Boot sei von Welle zu Welle gesprungen, als würde es fliegen. Manchmal habe es heftig gerumpelt, dann hätten sich die Passagiere aneinander festgehalten, es habe Gefahr bestanden, dass einer von ihnen über Bord geht. Nach mehreren Stunden, vor Sonnenaufgang, sei der Motor plötzlich verstummt. In der Ferne habe man das Funkeln der Lichter einer kleinen Stadt ahnen können.

Italien! Europa! Amerika! haben einige geschrien, aber die meisten waren misstrauisch und schwiegen. Das Boot lag minutenlang reglos. Man hörte die Stimmen der drei Besatzungsmitglieder aus der Kabine. Womöglich hatten sie einen Streit. Junge Burschen, in meinem Alter, sagte der Mann (zur Veranschaulichung deutete er auf seinen Kopfverband). Nach einer Weile kam einer von denen heraus und verlangte, dass alle ins Meer gehen sollen. Es ist nicht mehr weit, sagten sie, Ende der Reise. Es gab zwei kleine Schlauchboote, die ausschließlich Frauen und Kinder benützen durften. Die Männer, die mit den Frauen und Kindern verwandt waren, protestierten. Der Anführer der Italiener sah sich bedroht und zog eine Pistole. Erst als er in die Luft schoss, wichen die aufgebrachten Männer zurück. Die beiden anderen Italiener stießen die Schlauchboote ab; als die Boote beinahe außer Sichtweite waren, stürzten sich die meisten Männer ins Meer, um schwimmend das Ufer zu erreichen. Ich selbst und etwa die Hälfte meiner Freunde weigerten uns, von Bord zu gehen. Von einem weiß ich mit Bestimmtheit, dass er nicht schwimmen konnte. Ich sage *konnte*, weil ich nicht glaube, dass er noch am Leben ist. Wir wehrten uns, aber die beiden Italiener trieben uns mit Rudern an den Bootsrand, während der Anführer mit der Pistole auf uns zielte. Ein Kleinkind war allein an Bord geblieben; es schrie und schrie; bestimmt saß die Mutter in einem der Schlauchboote. Der mit der Pistole brüllte das Kind an, bevor er die Nerven verlor. Er packte es und warf es ins Meer. Kurz darauf spürte ich einen dumpfen Schlag an meinem Kopf. Als ich wieder zu Bewusstsein kam, war es schon hell. Ich lag rücklings im Wasser. Ich sah den Hügel hinter der Bucht. Ich habe Glück gehabt. Ich stellte fest, dass mich die Wellen trugen. Dabei kann ich nicht schwimmen, ich war nie im Leben am Meer. Italien oder Amerika, das ist mir egal. Meinetwegen Sizilien. Hier waren schon meine Vorfahren? Ich bin ein politischer Flüchtling, schreiben Sie das! Zu Hause bringen sie mich um. Ich habe keine Papiere. Das Meer hat die Papiere geschluckt wie das Kind und das Geld.

* Paul Virilio: Bunker...Archäologie. Aus dem Französischen von Bernd Wilczek. © Carl Hanser Verlag, München – Wien.

Franzobel

WIE DER HERR KREIL AUS MÜRZZUSCHLAG DIE HOFBURG EROBERTE

Herr Kreil hatte seinen Kriegsschmuck an, Federbuschen, Gamsbart, Steirerhut, küsste seinen Sohn James Bond Prinz Charles Kurtl, umarmte Kathi, seine Frau, setzte sich auf sein Puch 500 und zischte los. Zischen ist vielleicht ein wenig übertrieben. Mit 40 km/h tuckerte er dahin. Sogar die Rennradler überholten ihn, die Behindertenporsches sowieso. Die Fahrt war endlos. Bergauf zog sein Motor nicht, bergab war auf die Bremsen kein Verlass. Immer wieder musste Herr Kreil stehen bleiben, einzelne Schrauben nachziehen, sich Ölspritzer aus den Augen wischen. Autofahrer zeigten ihm den Vogel. Aber er war fest entschlossen, und auch wenn er am ersten Tag lediglich bis Wiener Neustadt kam, ließ er sich deswegen nicht entmutigen. Er war völlig von sich überzeugt.

Am zweiten Tag gelangte er tatsächlich bis nach Wien, verfuhr sich, landete in Simmering, in den Donauauen, aber schließlich fand er doch den Weg, mit 40 km/h tuckerte er über den Heldenplatz, grüßte mit Mahlzeit Prinz Eugen, stellte sein Moped ab, ging mit Mahlzeit am diensthabenden Wachmann vorbei, fragte mit Mahlzeit beim Portier, wo hier das Büro des Präsidenten sei, und ging ohne Umschweife den ihm beschriebenen Weg. Mahlzeit. Mahlzeit. Mahlzeit. Mahlzeit. Sein Gesicht war ölverschmiert, Herr Kreil hatte einen Arbeitsdrillich an, Schraubenschlüssel lachten aus sei-

nen Taschen, alle, die ihn sahen, hielten ihn für einen Handwerker, der was zu richten hatte.
Mit Mahlzeit überwand er die Vorzimmerdamen, mit Mahlzeit durchschritt er die Kabinettrats- und Kanzleiratszimmer, das Zimmer des Präsidentensprechers, um mit Mahlzeit in der Herzkammer der Republik zu stehen. Mahlzeit. Mit Mahlzeit kam man in Österreich noch immer durch. Überall. Herr Kreil wollte noch weiter, durch die nächste Tür, hatte sie schon offen, sah, na Mahlzeit, eine halb nackte Mätresse bei ihrer Mahlzeit liegen, an Weiterem hielt ihn der Präsident höchstpersönlich gerade noch zurück. Mahlzeit.

Exkurs: Die Politik

Die mangelnde politische Bildung in der Steiermark ist vor allem ein Ausspracheproblem. Bringt einer Brüssel fehlerfrei heraus, wird er gleich für den Landtag nominiert. Washington beherrscht allenfalls der Landeshauptmann, meistens aber klingt es auch bei ihm wie Orsch-mit-Ohren.

Dabei war die Steiermark von jeher Zielgebiet für Heuchelpropaganda, Zwetschkenröster-Indoktrination und andere Sprachfehler, und von jeher haben gewiefte Politiker um die Gunst der Steirer und Steirerinnen gebuhlt, um das Land nach ihrer Zunge zu diktieren. Jahrhundertelang herrschten hier die das R rollenden Salzbarone auf ihre zitronensaure Burgherrenart. Rrrrrrrr, dass es einem den Gaumen überschlug. Als aber mehrere Eiszeiten gleichzeitig über die Steiermark hereinbrachen und man das Salz zum Streuen und die Rs zum Wärmen brauchte, überzuckerte die ausgenüchterte Zuschpler-Opposition die Lage am schnellsten, und ließ sich das grobe, gerollte Salz nun nicht mehr bieten. »Zwiebel«, war ihr gezuschpelter Schlachtruf, »steckt Zwiebel in eure Schuhe, mit Zwiebel wischt auf dem Aborte After, Zwiebel ist für alles da. Zwiebel zur Verhütung, Zwiebelscheiben auch als Augengläser, Zwiebel-Medizin!« So kam

es zu einem Zuschpler-Umschwung in der oralen Steirerpolitik und zu einer zwiebelhaften Ztsch-Epoche, dass es zwutschte, was es zwatschte, Zweschpenfeck.
Um 250 v. Chr. eroberten plopende Petersilpflanzer das Gebiet und errichteten die Imbissstube Noricum mit P, die vor allem mit den durchreisenden Spaghettischeißern ein gutes Geschäft machte. Plop. Plop. Plop. Um 390 n. Chr. kamen dann im Zuge der Völkerwanderung stotternde Parmesanreiber, Knoblauchpresser und Vokaldehner ins Land der grünen Unkrautzupfer und blieben, weil sie sich ein vokales Geschäft erhofften oder zumindest ein Gspusi. Um 700 kamen gar die kehlengurgelnden Krauthobler und 788 übernahm ihr Anführer Karl der Krauterer nach dem Sieg über den Bayernherzog Hamandeggs die Steirer in sein krautfränkisches Gurgelreich. Von da an wurde es völlig unverständlich und verkehlt. Erst 1180, als der Paprikaschlecker Barbarossa den Marktschreier Ottokar IV. zum Verkoster ernannte, wurde das Reden der Steirer wieder halbwegs genießbar, bis hundert Jahre später von den Anhängern der Isabella von Parma der noch heute geläufige Jsopen-Beller eingeführt wurde. Mit dem Schlachtruf Jsop übernahmen 1282 die parmenidischen Ölsuppenbrater die Herrschaft. Jsopen, beriefen sie sich auf einen bereits in Umlauf befindlichen Blindband der Luther-Bibel, Johannes-Evangelium, Kapitel 19: »Mich dürstet. Man stecke einen in Essig getauchten Schwamm auf einen Jsopen und reiche ihn mir dann.« Was alle staunend fragen ließ: Jsopen? Was soll denn das sein? Jsopen. Eine Ölsuppen? Wieso?

Der Rest ist hinlänglich bekannt. 1480 überrannten die Karfiolpanierer die Steiermark. Ein Vorgang, der sich öfter wiederholte, und hätten die Steirer nicht auf genial raffinierte Spitzbubenart die Steirerstübchen entworfen, wären sie gewiss den gefürchteten osmanischen Karfiolwinden erlegen. Trotzdem musste man 1919 die Untersteiermark mit Chili an das neu gegründete Königreich der krenreißenden Konsonantencracker in Krk abtreten. Nach einer wilden großgraus-

lichen H aspirierenden Fleischtomatenzeit steckt die Steiermark seit 1945 im österreichischen Gurkerlglas. Und seit man 1995 dem europäischen Kernölverband beigetreten ist, kann nichts Schlimmes mehr geschehen. Brüssel kann man aber noch immer nicht aussprechen.
»Wo wollen Sie denn hin, Sie Flegel? Was fällt denn Ihnen ein!«, schrie der Präsident.
»Mahlzeit ...« Da erst bemerkte Herr Kreil die Ähnlichkeit zwischen dem Zurückhalter und dem Brotzeitgesicht, das hier von allen Wänden grinste, kein Zweifel, das musste er sein, der Präsident, versagte ihm sofort die Sprache.
»Was ist denn kaputt«, wollte das Staatsoberhaupt wissen, »wieder die Heizung? Nie funktioniert die Heizung in dieser Republik. Das ist das Werk der Sozialisten. Überall haben sie die guten alten Hähne abmontiert und Thermostate eingeführt. Von der Idee her richtig, aber funktionieren tun sie nicht. Die Thermostate sind ein Quatsch. Reine Theorie.«
Wie einer mit einem Hungerödem öffnete Herr Kreil seinen Mund, versuchte etwas zu erklären, doch kam nichts dabei heraus. Also nahm er Schraubenschlüssel und Hammer und machte, um die Weite seiner Reise anzudeuten, eine große ausholende Bewegung. Da wusste der Präsident auch schon Bescheid. Revolution!
»Nein, aus Mürz!«
»Ein Putsch.«
»Nein, mit einem Puch.«
»Wie beim Dollfuß«, murmelte er noch, »ein Staatsstreich –«, dann verlor der Präsident die Besinnung. Ehe Herr Kreil damit etwas anzufangen wusste, klingelte auch schon das Telefon.

»Hnja«, räusperte Herr Kreil hinein. Es war der Präsident von Ungarn. Er und auch die Präsidenten von der Slowakei, Tschechien, Kroatien, Slowenien, Rumänien, Bulgarien und Albanien, sie alle hätten sich zusammengetan und würden um eine neuerliche Aufnahme bei Österreich bitten. Und nun möchte er vorfühlen, ob das möglich sei.

»Nnnhn«, räusperte Herr Kreil. »Nnnhn.«
»Aber alter Freind«, konterte der Ungar, »bedenkt die Macht, die eich daraus erwüchse, jetzt hat Esterreich elf Regierungen, und dann hätte sie halt neinzehn. Wäre das ein Schaden. Eine Weltmacht würde Esterreich.«
»Nnnn«, nickte Herr Kreil. Der Ungar aber, schien es, wollte ihn nicht verstehen, er fluchte und verabschiedete sich mit: »Bitte, du hast es so gewollt, du wirst es noch bereien, bleder Esterreicher, depperter.«

Herr Kreil schluckte. Er dachte an die Mätresse im Nebenzimmer, hörte, wie sie schmatzte, wollte sich davonstehlen, als es schon wieder klingelte. Diesmal, sagte sein Hirn, sollte es ruhig läuten, doch die Hand entschied sich anders.
»Hallo?«
Der Landeshauptmann der Steiermark wollte wissen, wo die diesjährige Landesausstellung stattfinden solle. Er selbst plädiere für seine Heimatstadt, für Knittelfeld, da könnte man das traditionelle Burschenschaftstrinken in der Wartburg fördern. Da gings zu. Es war nämlich so, dass man traditionell den Boden des Rittersaales mit Sägespänen auslegte, dann schloss man die Burschenschaftler und mehrere Bierfässer darin ein und feierte kollektive Inkontinenz. »Vorbereitung auf die Geriatrie, das war eine Gaudi!«, gluckste der Landeshauptmann; nur die Alten hatten Stockrecht.
»Nichts da«, brüllte Herr Kreil präsidial, »heuer nehmen wir Mürz.«
»Mürz? Aber wieso denn? Mürz war ja schon einmal. Dort ist doch noch immer nichts? Nur das depperte Kunsthaus. Mürz hat mit der Spitze nichts zu tun. Mürz hat seinen Beruf als Stadt verfehlt. Nicht einmal der Holzer ist in Mürz und die Steiermark braucht mehr Kultur, da wäre die Wartburg doch gerade recht. Die Steiermark ist dominiert von den Kolleritschs, den Szyskowics, Gregoritsch und anderem Seekitsch, da wird es Zeit, dass man wen anderen fördert, die Verbindungen.«
»Mürz«, beharrte Herr Kreil, »das hat ein Schimuseum. Heu-

er Mürz, nächstes Jahr Knittelfeld. Und noch etwas, es gibt dort einen Herrn Kreil, Josef Kreil, der wird Hofrat.«
»Bitte, wird erledigt, servus, Präsident.«
»Servus, Landeshauptmann.« Pfeifend verließ Herr Kreil die Hofburg, Schwein muss man haben, Schwein, sonst nichts.

Wien ist so reich an Sehenswürdigkeiten und Naturschönheiten, dass ein dickes Buch nicht ausreichen würde, sie alle zu beschreiben. Doch seien wenigstens einige hier kurz vorgestellt. Zum Beispiel die Bevölkerung:
»Masta«, kam Herrn Kreil eine weinschwangere Rauchstimme entgegen, »an Zwanzger für a Semmel und a Knacker. I bin erst seit zwa Wochen hackenstad, mei Oide hot mi hinergoanga, wegen foische Zeigenaussagen wor i im Häfen, de Kiwera hobm mi zum Krüppl gschlogn, jetzt bin i invalid und vor fünf Minuten hobns ma mei Auto gstoin, außerdem hob i vom Blutspendn nu Aids und Hepastitis B, a Kriegswaise warad i a, dann hättat i do nu an Beleg, dass meine Organe, oiso innerlich, olle verkehrt rum san. I hob von Geburt an, sozusagn, des Orschloch obn.«
»Reicht schon«, drückte Herr Kreil dem verknitterten Individuum einen Zwanziger ins Schwielenpfötchen, setzte sich auf sein Moped und brauste davon. Brausen ist vielleicht etwas übertrieben. Zwischen Straßenbahnen, Müllabfuhren und Fiakern tuckerte er dahin und es dauerte eine halbe Ewigkeit, bis er Wien endlich verlassen hatte.

Der Bundesstraße war fad, sie dehnte sich unendlich, und wenn sie gähnte, kam nichts an. Herr Kreil aber war beschwingt. Felder und Häuser zogen an ihm vorbei, Leitschienen und Schneestangen, tote Igel, weiße Rückstrahler aus Plastik und Herr Kreil dachte an Kathi, an seinen Hofrattitel und an Kurtl. Wenn der einmal älter ist, wird er hinten am Sozius sitzen und sie werden eine Mordsgaudi haben. Der Kurtl wird dem Herrn Kreil die Augen zuhalten und Herr Kreil wird »Schleich dich«, sagen, sei net so deppert«, wird er sagen, da werden beide lachen, bis der Kurtl wieder seine

Hand auf Herrn Kreils Augen legt, so wird es weitergehen, kniff der Herr Kreil bereits seine Lider zu und schimpfte mit dem imaginär in seinem Rücken sitzenden Kurtl. In Gedanken gab er dem Imaginärkurtl schon eine steirische Knackdetschn, schloss aber gleichzeitig beide Augen, schrie: »Kurtl, hör auf, was da alles passieren kann, wir fahren noch in den Straßengraben und ich hau mir an der Lenkstange die Eier an, so dass es keine Gaudi nicht mehr ist. Hast du gehört. Kurt!«, brüllte Herr Kreil, kniff die Augen zu, verriss den Lenker, um es dem Imaginärkurtl zu zeigen, und spürte, wie es auf einmal holperte.
»Siehst du!«, schrie er. »Siehst du, das haben wir jetzt davon.« Und er hatte das Moped kaum noch unter Kontrolle, lachte aber dabei und dachte, jetzt sieht der Imaginärkurtl wenigstens, dass man sich nicht so blöd spielen darf, der Depp, und alles rumpelte, und Herr Kreil wurde auf seinem Sitz auf und ab und hin und her geschleudert, der Lenker drehte sich, aber Herr Kreil ging nicht vom Gas und wollte auch nicht bremsen, damit er sieht, was er angerichtet hat, der Deppenkopf von Kurtl, der unbelehrbare.
»Siehst du, das kommt davon. Ich habs dir ja gesagt, man darf den Fahrer nicht ablenken!«, drehte Herr Kreil sich um und schimpfte mit dem Imaginärkurtl. Freilich übersah er dabei ganz ein ihnen in den Weg gestelltes Verkehrsschild: Schleimbach 14 km. Rumms machte es und Herr Kreil lag im Straßengraben, verlor nicht nur den Imaginärkurtl, sondern auch noch sein Bewusstsein.

Die Welt ist so reich an Sehenswürdigkeiten und Naturschönheiten, dass ein dickes Buch nicht ausreichen würde, sie alle zu beschreiben. Doch seien wenigstens einige hier kurz vorgestellt. Zum Beispiel das Nichts.

Margit Hahn

FESTSETZUNG

Ein Freitag wie immer? »Stehen bleiben. Die Beine gespreizt, Hände an die Wand.« »Nicht sprechen. Stehen bleiben.« Eine Stunde und eine weitere und noch eine und noch. Folter sagen sie dazu. In Europa. Den Kopf nicht auf die Wand lehnen, nicht abstützen, stehen bleiben.
»Was machen sie, warum bleiben sie nicht zuhause, sie haben dort nichts verloren«, sagt einer. Zuhause sein heißt: Kaffee trinken. Einen Fuß vor den anderen setzen. Durchatmen. Einkaufen im Body Shop. In einer Firma arbeiten, die fusioniert wird. Konzernzentrale irgendwo. Geschäftsführung kenne ich nicht. Genussvoll und gesund essen. Vitamine schlucken. Und Sport betreiben. Ein bisschen. In drei Fitnesscentern als Mitglied eingeschrieben. Regelmäßige Gesundenuntersuchung. Und Urlaub auf Kreta.

»Stehen bleiben, die Beine gespreizt, Hände an die Wand.« »Du kommst hier nicht mehr raus, nie mehr.« Freiheit. Was ist das, wie fliegen, mit dem Motorrad fahren, Privatier sein, reisen? In eine Stadt in den Süden. Italien. Heiß darf es sein. Und baden im Meer. Das Salzwasser schmeckt. Am Strand spazieren gehen, in der Sonne liegen oder im Schatten. Sonnenbräune ungesund. Bücher lesen. Und nur keine Nachrichten hören. Ich kann sowieso nichts ändern. Ein Ziehen in der Lunge. Ein Schmerz, meiner, oder ein anderer. Einatmen. Und ausatmen.

Ruhig stehen bleiben, nichts sagen. Werde ich vermisst? Tut

jemand etwas für mich? Ich möchte telefonieren. Sprechen mit wem, nein, nicht erlaubt. Folter sagen sie dazu. Menschenrechte. Demokratie. Demonstrationsrecht. Mitten in Europa. Der Himmel ist blau und mein Rock ist schwarz, weil Schwarz eine starke Farbe ist. Für mich. »Verdächtig«, sagt jemand. Und ein anderer? »Die Juden sollen heimgehen.« Aber ich bin doch nicht, sage ich. Sage ich, ich bin auch nicht schwarz. Ein Zahn liegt in der Ecke, ein Blutfleck, vielleicht meiner. Sie sagen Wirtschaft und Globalisierung. Sie sagen Erfolg. Und ich frage: für wen? Wem hilft dieser Erfolg? Dem Staat? Oder mir? Und der Staat schützt mich. Vielleicht werde ich abgeschoben, ausgeliefert, abgegeben, weggebracht, heimgeschickt. Oder bleibe weggesperrt. Angeklagt. Sie nehmen mir alles weg: meine Autoschlüssel, mein Handy, meine Ausweise, mein Adressbuch. Wird überprüft.

Ich bin gegen die Globalisierung, sage ich. Jemand lacht. Wie lächerlich. Der Fortschritt, ich bin kleinkariert und unmodern. Es fallen Schlagworte: die Reichen werden immer reicher, die Armen ärmer. Und die Arbeitslosigkeit, frage ich.

»Wir sind gegen die faulen Arbeitslosen«, antwortet einer.

»Aggressive Steinewerfer«, sagt jemand, »und bewaffnet«, und schüttelt den Kopf, »dir werden wir das austreiben.«

Ich wehre mich nicht. Ich stehe an der Wand und rühre mich nicht. Kein Telefon läutet. Überall wird heftig gelebt, während ich da stehe. Ist da jemand, der nach mir fragt? Ich bin in Europa. Sicher. Sicher ist Europa und Wien ist eine sehr sichere Stadt. Ich reise, ich verreise. »Das war ein Fehler, ein schwerer Fehler«, sagt einer, der mehr Macht hat. Es ist eine lange Zeit. »Zeit nachzudenken!«, sagt einer. Aber wie er das sagt.

Mit einer Anklage ist zu rechnen, lese ich später. Ich war am falschen Ort. Dabei war ich richtig. Ich sehe die Schläge. Auf die Köpfe. Die Tritte auf die am Boden Liegenden. Von denen, die Macht haben.

»Randalierer gehören erschossen«, sagt einer in Wien zu mir. Tage später.

Die Globalisierung ist nicht automatisch ein Beglückungsprogramm für alle, oder? Es ist aber alles in Ordnung und jeder hat Recht. Ein Betriebsrat sagt, er ist auch für den Personalabbau von 1200 Mitarbeitern, schließlich geht es ihm um die Firma. Die Firma verlagert ihre Produktion nach Ungarn oder Indien oder auch Portugal. Und die Mitarbeiter? Freigesetzt, am Arbeitsmarkt. Werden zu faulen Arbeitslosen. Und die Aktien steigen. Ich lehne mich zurück. Das macht zufrieden. Ich sammle auch Aktien.

Ausnahmezustand. Immer weniger Menschen haben immer mehr Macht. »Es gibt keine Armen bei uns«, sagt einer. Aber immer mehr Genießer und Gourmets. Eben. Gibt es noch etwas anderes als das eigene Wohlbefinden? Durchatmen. Nicht sprechen. Oder ist ein Riss in der Lunge, fehlt ein Zahn? Wurde ich zusammengeschlagen? Ich kann stehen. An der Wand. Beine gespreizt. »Positiv denken«, sagt ein anderer, »sich an den Erfolgreichen orientieren. Die Globalisierung bringt jedem etwas«. Und was? Und was bringt sie Afrika? »Ach, Afrika, die wollen doch nur Waffen und Krieg führen.«
Aber wir sind in Europa. Männer in Uniform, bewaffnet. Ich rühre mich nicht. Angst, sage ich. Und einer: »Du bist nicht für den Fortschritt?«

Geschichte ist. Woran ich mich nicht erinnere. Hat nichts mit mir zu tun. Ich atme still. Österreich ist ein reiches Land. Und ich kaufe im Body Shop ein. Das leiste ich mir. Und das Leben genießen. Genussfähig sein. Gut und gesund essen. Fuß vor Fuß gesetzt. Und einen Kaffee trinken. Es geht. Die Freiheit genießen. Wieder. »Wer bezahlt die Außenministerin?«, fragt einer. »Brauchen wir überhaupt eine Regierung in Österreich, wenn es keinen wirtschaftlichen Schwerpunkt mehr gibt, wenn über die österreichische Wirtschaft im Ausland entschieden wird?« Wie kann man nur so dumm und naiv daherreden. Immer wissen ein paar besser Bescheid. Ausland? Ist Ausland Italien, oder? Einreiseverbot. Wir sind

Europa. Die Außenministerin sammelt Daten über mich, holt Auskünfte ein. Vielleicht auch von meinem Zahnarzt. Ist mein Arbeitsplatz sicher?

Jetzt sitze ich da, an einem Tisch in einem Garten, und genieße diese Freiheit: ein Glas Sekt. Oder auch zwei oder drei. Und dann stell dir vor. Plötzlich sind sie da, die Fremden, und du darfst den Garten nicht mehr verlassen. Wirst festgesetzt. Und später dann abgeführt. Ich kann klagen, anklagen, eine Pressekonferenz einberufen und in Kameras reden. Und finde Drohbriefe in meinem Briefkasten von wohlmeinenden Österreichern. Kusch. Mund halten. Drohen darf man.
Irgendwer weiß immer, wo ich lächle. Also flüstere ich. Wir sind ein freies Land. Ich bin hier gut aufgehoben. Die Schläge sind bald vergessen. Das wird schon wieder. »Selbst schuld«, flüstert einer, »was wolltest du dort?« Das Wetter ist schön.
Jetzt mache ich Urlaub. Melde mich ab beim Arbeitsamt. Urlaub machen ist gar nicht erlaubt. Nein, ich bin nicht arbeitslos. Ich arbeite. Kreativität ist gefordert. Bin ich doch, oder? Mein Job ist sicher. Ich stelle mich den Herausforderungen. Früher habe ich etwas weiterentwickelt, jetzt wird fusioniert. Ich bin aufgeschlossen. Ich bin wirklich tüchtig. Erfolg steht mir. Ich habe eine positive Ausstrahlung. Das Leben schmeckt mir. Ich habe viel zu erzählen. Ich ziehe die Jalousien hoch. Der Tag ist da. Mein Blutdruck ist stabil. Ich mache Entspannungsübungen, vielleicht gehe ich schwimmen. Nichts Fettes essen. Cholesterinwerte überprüfen lassen. Ich bin gerne glücklich. Es ist mir wichtig, mich wohl zu fühlen und mich zu entspannen. Niemand beobachtet mich. Ich bin einsamer denn je.

Die Journalisten interessieren sich nicht mehr für mich. Was schade ist. Ich habe viel zu erzählen, z. B. von den Mitarbeiterpools, die geschaffen werden. Da warten Menschen zuhause auf Anrufe, ob sie nun – und an welche Firmen – ver-

liehen werden. Sie werden eingesetzt, wo sie gebraucht werden, sie fahren irgendwohin, in irgendwelche Städte, in irgendwelche Supermärkte, in denen sie Lebensmittel in Regale schlichten. Moderne Sklaverei? »Auf Löhne und Gehälter entfällt ein immer kleinerer Anteil am Ertrag«, sagt eine, oder flüstert es. Niemand hört zu. Oder doch? Angeblich gibt es jetzt mehr Personenschutz für Manager und Politiker. Zu ihrer Sicherheit. Also wer hat jetzt Angst. Und vor wem? Angst hab doch immer noch ich.
Ist das auch eine Freiheit, die Freiheit der Erfolgreichen, die nicht in Supermärkten arbeiten? Meine Freiheit ist beim Einkaufen auszuwählen. Zwischen dänischer, deutscher, irischer und Tiroler Butter. Schon schön.

Einer spricht nicht mehr, einer hebt nicht mehr seine Hand. Einer, ein nicht identifizierter Demonstrant liegt mit nacktem Oberkörper leblos auf dem Asphalt. Blut. Das Bild geht um die Welt. Das Leben geht weiter, sagen sie.

Max Haller

ÖSTERREICH IM NEUEN EUROPA. AUSBRUCH AUS DER STÄNDISCH-KORPORATIVEN GESELLSCHAFT?

Wie lebenswichtig die Einheit einer Gesellschaft, in diesem Fall die des modernen National- und Wohlfahrtsstaats, für jeden Menschen heute ist, zeigt sich am augenfälligsten an der Tatsache, dass die Staatsbürgerschaft die mit Abstand wichtigste Grundlage für wirtschaftliche, soziale und politische Rechte und Lebenschancen überhaupt darstellt. Die mit einem Staat verbundenen geschichtlichen Erfahrungen, die mit ihm verknüpften spezifischen Institutionen formen langfristig auch die Menschen, die dort leben. Staatenlose gehören weltweit zu den sozial am stärksten ausgeschlossenen Menschen überhaupt. Wenn ich die *Staatsgesellschaft* als eine zentrale Einheit sehe, behaupte ich damit keineswegs, dass nicht auch andere soziale und politische Einheiten auf den darunter und darüber liegenden Ebenen – wie Bundesländer, Regionen oder wie die Europäische Union und die »Weltgesellschaft« – eine bedeutende und zunehmende Rolle spielen. Behauptet wird damit lediglich, dass heute und bis auf absehbare Zukunft die politische Einheit des Staates noch immer jene ist bzw. bleiben wird, die am ehesten unter all diesen Einheiten so etwas wie eine spezifische »Gesellschaft« konstituiert.

Meine Grundthese lautet: Eine Gesellschaft ist durch ein spezifisches Bündel bzw. einen spezifischen Mix von Leitprinzipien charakterisiert, die ihrerseits in einem mehr oder weniger systematischen Zusammenhang mit den sozialen, wirtschaftlichen, kulturellen und politischen Institutionen einer Gesellschaft stehen. Die Grundwerte und Leitprinzipien, wie auch die Institutionen einer Gesellschaft, besitzen über die Zeit hinweg eine erhebliche Stabilität. Sie sind es, die die Anpassung der sozialen Prozesse und Strukturen und des gesellschaftlichen Bewusstseins an eine sich kontinuierlich verändernde technologische, wirtschaftliche und politische Umwelt »steuern«.

Die österreichische Gesellschaft sehe ich als eine »ständisch-korporative Gesellschaft« (das war sie zumindest noch bis vor kurzem in erheblichem Ausmaß) mit bestimmten Leitprinzipien, zu denen Sicherheit, Staats- und Autoritätsgläubigkeit und Konsensstreben zählen. Das Streben nach *Sicherheit* ist ein grundlegendes und legitimes Prinzip jedes Menschen wie jeder Gesellschaft. Sicherheit (und ihr Komplement: Unsicherheit) hat viele Facetten: physische, körperliche Sicherheit; Sicherheit der materiell-wirtschaftlichen Existenz hinsichtlich von Ernährung, Arbeit und Wohnung; soziale Sicherheit im Sinne einer kontinuierlichen Befriedigung der sozialen Grundbedürfnisse im Hinblick auf soziale Integration, sozialen Status und dessen Bewahrung.

Die Einstellungen der Bevölkerung zu *Obrigkeit und Autorität* sowie das Verhalten der Herrschenden oder Vorgesetzten zu ihren Untergebenen stellen ebenfalls ein zentrales Thema dar. Die Österreicher sind seit Jahrhunderten durch eine besondere Mischung von Untertänigkeit und Obrigkeitsgläubigkeit, Kritikbereitschaft und Aufsässigkeit gegenüber den »Herrschenden« charakterisiert. Man erwartet, dass Vorgesetzte, Betriebsinhaber, politische Repräsentanten alles Wichtige unternehmen, man kritisiert »die da oben« aber auch mehr oder weniger für ihre Unfähigkeit, ungerechtfertigten Privilegien usw.

In engem Zusammenhang mit dem ambivalenten Vertrauen in Autoritäten steht das Streben nach *Konsens*, also die Vermeidung offener Auseinandersetzungen und Konflikte, das in Österreich besonders zu bemerken ist und nicht nur von psychiatrischen Zeitdiagnostikern wie Erwin Ringel konstatiert wurde, sondern auch in objektiven Vergleichsdaten mit anderen Ländern zum Ausdruck kommt (so ist Österreich seit langem durch vergleichsweise extrem niedrige Streikquoten charakterisiert, und entsprechend niedrig ist auch das Bewusstsein von der Existenz sozialer Konflikte in der österreichischen Bevölkerung im Gegensatz zu zahlreichen anderen Staaten). Ein gewisses Ausmaß an Vertrauen in Mitmenschen und andere Gruppen trotz Bestehen von Interessengegensätzen, also eine minimale Konsensbereitschaft, sind Grunderfordernisse einer politischen Gemeinschaft. Problematisch werden sie, wenn damit notwendige sachliche Auseinandersetzungen verhindert werden; unumgängliche Neuerungen werden dann verspätet, überhastet oder in einer sozial unausgewogenen Weise durchgesetzt. Ein charakteristisches Beispiel dafür sind die jüngsten Reformen bzw. Reformziele der derzeitigen bürgerlichen Regierungskoalition, auf die ich noch zurückkomme.

»Stände« werden in der Regel als mehr oder weniger klar umschriebene Institutionen der Feudalgesellschaft betrachtet – als schichtspezifisch herausgehobene und rechtlich-politisch mit klar umrissenen Privilegien ausgestattete Gruppen. Es erscheint mir jedoch gerechtfertigt, von Tendenzen der Ständebildung auch in modernen, demokratischen Industriegesellschaften zu sprechen. Eine solche liegt immer dann vor, wenn sich Gemeinschaften bilden, die sich durch irgendein Merkmal (gehobene Herkunft, privilegierte Lebensführung, besondere Bildungsgrade usw.) prestigemäßig von anderen Schichten abgrenzen, sich als ständisch untereinander gleich, anderen gegenüber als höher (seltener: niedriger) betrachten. Ständebildung ist also in erster Linie soziale Abgrenzung im privaten gesellschaftlichen Verkehr, sie tendiert jedoch in aller Regel zu einer weitergehenden Verfestigung, Vertiefung und Legitimierung dieser Abgrenzung durch Schaffung bildungsmäßiger, beruflicher oder politischer Son-

derrechte und Monopole. In Österreich sind vor allem die »Akademiker« als Träger universitärer Diplome sowie die »Beamten« als traditionelle Ausprägungen von Ständebildung zu sehen.
Der Begriff des »Korporatismus« wird heute relativ neutral verwendet, um wirtschaftlich-politische Systeme zu bezeichnen, in denen eine starke Beteiligung von Verbänden an der staatlichen Politik und eine enge Zusammenarbeit zwischen Staat, Gewerkschaften und Unternehmerverbänden besteht. Starker politischer Einfluss von Verbänden kann zwei Folgen haben: einerseits besonders effiziente Durchsetzung gruppenpolitischer Ziele, andererseits aber auch Mäßigung interessenpolitischer Forderungen zugunsten gesamtwirtschaftlicher Ziele wie Wachstum, Umverteilung usw. Die österreichische Sozialpartnerschaft, wie sie sich in den 50er Jahren herausgebildet hat, kann als ein Paradefall eines solchen Systems betrachtet werden; sie wurde als Strategie zur Einigung des Landes und Befriedung im Innern etabliert.

Die österreichische Entwicklung seit dem Zweiten Weltkrieg lässt sich wie folgt zusammenfassen: Zunehmender Ausbau der Sozialpartnerschaft zu einer Art »Nebenregierung« und ihre Instrumentalisierung für die Interessen der Klientel der beiden großen Lager (konservativ-christliches vs. sozialdemokratisch-gewerkschaftliches Lager); elitäre »Steuerung« der Wirtschafts- und Gesellschaftspolitik durch enge Kooperation zwischen Politik, Wirtschafts- und Gewerkschaftsführern, technokratischen Experten in Kammern und auf den Universitäten; seit Mitte der 80er Jahre, der zweiten Phase einer wenig geliebten großen Koalition zwischen ÖVP und SPÖ, allerdings zunehmende Infragestellung des dominanten Zweiparteiensystems.
Auf Seiten der österreichischen Wählerinnen und Wähler hat nun ein tiefgreifender Wandel stattgefunden: Wahlbeteiligung und Stimmabgabe wird immer weniger als ein traditioneller Akt der politischen Pflicht gesehen, bei dem man die Stimme traditionell der Partei eines großen »Lagers« gibt,

vielmehr scheinen auch die Österreicher das Wahlverhalten immer mehr von individuellen politischen Überlegungen, Präferenzen und Nutzenkalkülen abhängig zu machen. Die Ursachen und Umstände des spektakulären Aufstiegs der FPÖ von Dr. Jörg Haider, der ohne Zweifel der ausschlaggebende Faktor für die grundlegende Veränderung der politischen Landschaft Österreichs war, sind meiner Meinung nach allerdings selbst symptomatisch für das ambivalente Fortwirken der ständisch-korporativen Strukturen in diesem Lande. Bemerkenswert ist zunächst schon die große und kontinuierliche Diskrepanz, die besteht zwischen den steigenden Stimmanteilen für die FPÖ einerseits und dem nur halb so hohen Anteil von Wählern, die sich Jörg Haider auch als Bundeskanzler vorstellen konnten – ein Ziel, das dieser ja über Jahre hinweg sich ganz ausdrücklich gestellt hatte. Offensichtlich war es vor allem der Frust über die erstarrten politischen Verhältnisse und das Fortbestehen der sozialpartnerschaftlichen Aufteilung öffentlicher und halböffentlicher Ämter und Pfründen in der Phase der »großen« Koalition der 90er Jahre, die die Wähler zum Ruf nach einem Wechsel veranlassten. Dagegen ließen die inhaltlich häufig problematischen Aussagen von Dr. Haider (etwa bezüglich Einwanderung und Nationalsozialismus), seine Unbeständigkeit hinsichtlich wichtiger politischer Ziele (wie etwa der Mitgliedschaft Österreichs in der EU) sowie seine Skrupellosigkeit in der Diffamierung politischer Gegner, ja selbst unbescholtener Bürger, diesen selbst mindestens der Hälfte der FPÖ-Wähler als Kanzlerkandidat untragbar erscheinen. Die Tatsache, dass man trotzdem seine Partei wählte – obwohl es ja zuletzt mit den Liberalen und Grünen zumindest zwei weitere, respektable Oppositionsparteien gab –, weist auf eine eigentümliche Schizophrenie der österreichischen Wähler hin. Diese Vermutung wird auch bestätigt durch die kontinuierliche Unterschätzung des Wählerpotentials der FPÖ bei Umfragen: FPÖ-Wähler scheuten sich offensichtlich, ihr Wahlverhalten öffentlich zuzugeben. Ich sehe zum anderen in diesem Wahlverhalten auch den eingangs genannten latenten Autoritarismus der Österreicherinnen und Österreicher. Unglaubliche 82% der Befragten stimmten im *Sozialen Survey Österreich 1986* der folgenden Aussage zu: »Die Streitereien im Parlament schaden uns mehr, als sie nützen, besser wäre es, es gäbe ein paar mutige, unermüdliche und selbstlose Männer, denen das Volk vertrauen kann.« Bis 1993 hatte sich dieser Anteil etwas reduziert, betrug aber immer noch 72%, nur 10% lehnten die Aussage vollkommen ab.[1]

Immer wieder wurde von den politischen Eliten in den letzten Jahren geäußert, dass die erhebliche Unzufriedenheit der Österreicherinnen und Österreicher mit ihrem System und den Regierenden unerklärlich sei, wo Österreich sich doch wirtschaftlich so blendend entwickelt habe und im internationalen Vergleich auch heute noch – trotz gestiegener Arbeitslosigkeit, Notwendigkeit des Abbaus der Staatsschulden, Zwang zu Einsparungen usw. – sehr gut dastehe. Ich denke, dieses Argument unterschätzt ganz generell die wichtige Differenzierung zwischen dem Bereich der Wirtschaft und jenem der Politik, die auch den Bürgern nicht unbekannt sein mag. Denn zum Ersten ist eine erfolgreiche wirtschaftliche Entwicklung wohl immer nur zum Teil direkt auf die Wirtschaftspolitik zurückzuführen, zum Zweiten war die österreichische Wirtschaftsentwicklung der letzten Jahrzehnte vielleicht gar nicht so erfolgreich, wie es globale Wachstumsindikatoren nahe zu legen scheinen und zum Dritten wird mit dem Argument der erfolgreichen Wirtschaftsentwicklung die Eigenständigkeit einer fachlich fundierten und korrekten öffentlichen Verwaltung und Politik unterschätzt. Selbst wenn man selber in keiner Weise tangiert ist, können Enthüllungen über ungerechtfertigte Privilegien, d. h. das Ausnutzen eines öffentlichen Amtes zugunsten persönlicher Vorteile, bis hin zu Korruption, die durch die Medien bekannt werden, bei je-

---

1 K. Holm in: Haller et al.: Österreich im Wandel. Werte, Lebensformen und Lebensqualität 1986 bis 1993, Oldenbourg 1996, S. 223

dem Bürger Gefühle starker Empörung auslösen (von solchen Fällen kann man ja fast wöchentlich in den Zeitungen lesen). Dass Gesellschaft und Politik in Österreich weiterhin stark durch autoritär-patriarchalische Strukturen charakterisiert sind, lässt sich auch dadurch belegen, dass in Medienberichten, Leserbriefen, persönlichen Gesprächen usw. immer wieder zum Ausdruck kommt, dass innerhalb der großen Interessenverbände ein nahezu autoritäres System besteht, das Abweichende stark diskriminiert, ja manchmal sogar ihre Existenz ruiniert; die obrigkeitlich-polizeiliche Kontrolle, so human und gemäßigt sie sich in Österreich auch gibt, scheint keine geringe Effizienz zu besitzen, wenn es um das Beobachten politisch »gefährlicher« Bürger und das Anlegen geheimer Dossiers über sie geht; die staatliche Parteienfinanzierung ist so großzügig wie in kaum einem anderen Land in Europa; im österreichischen Parlament sitzen in weit überproportionaler Stärke die Vertreter der korporativen Interessen, wie Beamte, Gewerkschafts- und Arbeiterkammerfunktionäre und Vertreter der Wirtschaft und Unternehmer; das österreichische Wahlsystem gibt den Parteien die gänzliche Macht darüber, wer als Kandidat bei Wahlen aufgestellt wird, womit eine starke Selektion im Sinne der Parteilinien gesichert ist, während der Wähler die Listen nur pauschal wählen oder nicht wählen kann, ein Persönlichkeitselement fehlt völlig; durch Volksbefragungen, die oft aus rein parteipolitisch-taktischen Gründen inszeniert werden, verliert dieses wichtige Instrument der direkten Demokratie an Kredit bei den Wählern; auf Länderebene werden durch Proporz-Regierungssysteme die Landtage auf reine Jasage-Maschinerien reduziert und viele Mittel nach parteipolitischem Räsonnement vergeben, womit auch die demokratische Bedeutung des Föderalismus in Misskredit gerät; der Beitritt zur EU und deren fortlaufende institutionelle Vertiefung führt dazu, dass selbst der Nationalrat immer mehr zu einem bloßen Vollzugsorgan oder Staatsnotar im Auftrag der Europäischen Union reduziert wird; dadurch wird auch die Kluft zwischen politischen Eliten und Bürgern weiter vertieft.

Als grundlegende Werte und Ziele einer demokratisch verfassten politischen Gemeinschaft können festgehalten werden: Die möglichst breite Mitbestimmung aller Bürger am politischen Geschehen; die Möglichkeit zu einem freien und ungehinderten Ausdruck von Interessen, Ideen und Meinungen von Seiten Einzelner wie auch kollektiver Gruppen und Einheiten, wie auch die ungehinderte Möglichkeit zur Bildung von Organisationen zur Bündelung gemeinsamer Interessen und Ziele; die inhaltliche Ausrichtung der Politik an »zivilen« Zielen, wie wirtschaftliches Wachstum, angemessene Beteiligung aller Bevölkerungsgruppen am steigenden Wohlstand, Herstellung gleicher Startvoraussetzungen für alle, Vermeidung sozialer Ausschließung einzelner Gruppen.
Die wichtigsten positiven Entwicklungstendenzen in der österreichischen Gesellschaft sehe ich in der starken Expansion der Ausbildung auf dem Sekundar- und Hochschulniveau; im dynamischen und im Großen und Ganzen recht ausgewogenen Wirtschaftswachstum (wenn man die weiteren wirtschaftspolitischen Ziele wie Vollbeschäftigung, Geldwertstabilität, ausgewogene Außenhandelsbilanz mit in Betracht zieht); in der kontinuierlichen Steigerung von Einkommen und Lebensstandard der Bevölkerung auf ein Niveau, das jenes vor einem halben Jahrhundert weit übertrifft; im Ausbau des Wohlfahrtsstaates in einer Weise, dass dadurch krasse Ungleichheiten und Armut in breitem Maßstab in Österreich heute nicht mehr existieren, und schließlich in einer relativen Offenheit gegenüber Zuwanderern und Flüchtlingen. (Mit rund 900.000 Ausländern, über 10% der Bevölkerung, weist Österreich im europäischen Durchschnitt heute einen überproportional hohen Anteil an Zuwanderern auf).

Wie ist diese insgesamt sehr positive Entwicklung zu erklären? Ohne die Verdienste der wirtschaftlichen und politischen Eliten und Persönlichkeiten der Nachkriegszeit schmälern zu wollen, wird man doch sagen müssen, dass eine Reihe günstiger Voraussetzungen und Umstände zu diesem Aufstieg Österreichs seit 1945 beigetragen haben. Dazu gehören: Die günstige politische Situation des neutralen Österreichs zwischen Ost und West; die wirtschaftliche Integration in das dynamischere Westeuropa, schon lange vor und unabhängig vom Beitritt zur EU; die weltweiten Trends der wirtschaftlichen Globalisierung und des Aufstiegs der Dritten Industriellen Revolution durch die neuen Computer- und Kommunikationstechnologien.

Der Beitritt zur Europäischen Union hat sicherlich in wichtigen Bereichen Anstöße zu notwendigen Reformen und Neuorientierungen gegeben. Ich denke hier an den Zwang zur Konsolidierung des öffentlichen Haushalts um die Konvergenzkriterien zum Beitritt zur Währungsunion zu erfüllen, an die Beseitigung zahlreicher Quasi-Monopole im öffentlichen und halböffentlichen Bereich, an die Privatisierung vieler früher staatlich bereitgestellter Dienste. In jüngster Zeit scheint die neue bürgerliche Regierungskoalition aus ÖVP und FPÖ mit erhöhtem Reformeifer zu Werke zu gehen. Mit ihrem Ziel der Erreichung eines Nulldefizits im Staatsbudget scheint sie allerdings – sogar nach dem Urteil von Ökonomen, die den Interessen von Unternehmern und Industrie nahe stehen – über das Ziel hinauszuschießen: Es wird nicht konkret nach institutionellen Schwächen in Wirtschaft und Gesellschaft gesucht, um daraus gezielte Reform- und Sparmaßnahmen abzuleiten, sondern es wird das Ziel des Sparens an sich verabsolutiert. Sparen im öffentlichen Bereich allein muss aber noch lange nicht automatisch zu einer Beseitigung der von mir kritisierten ständisch-korporativen Strukturen führen, ja es kann sogar den gegenteiligen Effekt haben. Keineswegs automatisch beseitigt wird dadurch etwa das noch immer wirksame Proporzsystem bei der Vergabe von Stellen usw., ebenso wenig das Defizit an Demokratie und Transparenz im öffentlichen Leben (man denke hier etwa an die skandalöse Medienkonzentration!).
Festzuhalten ist schließlich, dass der Beitritt zur Europäischen Union und deren fortlaufende institutionelle Vertie-

fung in Österreich – wie in ganz Europa – neue Probleme mit sich bringen kann, die man ebenfalls als Phänomene korporativer Strukturen sehen kann. Zum Ersten sind dies die immensen Konzentrationsprozesse auf Unternehmensebene, die auch in Europa in absehbarer Zeit in den technologisch und wirtschaftlich wichtigsten Branchen eine oligopolistische Struktur entstehen lassen werden, wie sie aus den USA bekannt ist (ein Beispiel ist die Automobilbranche, in der drei Autohersteller den Markt kontrollieren). Für die Monopol- und Kartellvorschriften und die entsprechende Überwachungsbehörde der EU gilt: So gut sie auch auf dem Papier dastehen, haben sie sich bislang kaum als wirksame Waffe gegen neue Unternehmenskonzentrationen erwiesen, was allerdings auch nicht überrascht, da die Integration der EU zur vollen Wirtschafts- und Währungsunion ja zuallererst ein Projekt der europäischen multinationalen Konzerne war. Ein zweiter Aspekt, in dem man auch auf EU-Ebene neue korporatistische Tendenzen sehen kann, ist deren ausgreifende Regulierungswut, die inzwischen selbst eingefleischten Anhängern der Integration unheimlich wird. Der dritte Aspekt ist schließlich das unzweifelhafte Demokratiedefizit der EU. Das europäische Parlament hat bekanntlich weit weniger Befugnisse, als die nationalen Parlamente zumindest bislang hatten. Die »Exekutive« der EU, die Kommission, besitzt keinerlei direkte demokratische Legitimation durch Wahlen. Durch die zunehmende Verlagerung der Gesetzgebungskompetenz auf diese EU-Kommission (bereits zwei Drittel und mehr aller vom österreichischen Nationalrat erlassenen Gesetze sollen heute nur mehr Vollzüge von Richtlinien darstellen, die die EU erlassen hat) werden auch die nationalen Parlamente zunehmend ihrer Kompetenzen beraubt. Hier zeigt sich die Entstehung einer neuen Super-Korporation auf europäischer Ebene, von der es scheint, dass sie die Befürchtungen eines Alexis de Tocqueville aus dem Jahre 1835 zur Realität werden lassen, als er schrieb, er sei »überrascht und erschreckt, wie alles in Europa vereint dahin zu wirken scheint, dass die Vorrechte der Zentralgewalt sich unbegrenzt vermehren und das Einzeldasein mit jedem Tag schwächer, untergeordneter und ungeschützter wird«[2]. Den Grund sah er darin, dass die Europäer den Wert der Gleichheit über jenen der Freiheit stellen und eine umfassende Versorgung durch einen um die Bürger bemühten, wenn auch benevolent-totalitären Staat einer Stärkung von Freiheit, Risiko und individueller Verantwortung vorziehen.

2 Tocqueville, Alexis de: Über die Demokratie in Amerika, DTV 1976, (franz. 1835)

Wolfgang Hermann

BROTZEIT

Der Zollamtsbedienstete Heinz fuhr von Langen über das österreichisch-deutsche Zollamt Hub mit dem Fahrrad in Richtung Lindenberg. Er war unterwegs zu einem Freund, der im Haus Weizenkorn untergebracht war. In Allmannsried machte er an einem Kiosk Halt, um sich zu stärken. Er hockte sich an einen der Plastiktische und rief nach dem Wirt. Ein Mann in Shorts und Unterhemd, das sich über einen stattlichen Bauch spannte, kam aus dem Kiosk und fragte knorrig: »Was darf's sein?« Der Zollbedienstete Heinz fragte den Wirt, ob er etwas zu essen da habe. »Freilich«, erwiderte der in stark bayerischer Tonfarbe, »eine Brotzeit kannst haben.« – »Ich nehme die Brotzeit«, sagte Heinz, »und einen Apfelsaft.« Der Wirt verschwand im Kiosk und brachte wenig später ein Stück dunkles Brot mit einem zweifelhaft aussehenden Stück Speck und einer vertrockneten Essiggurke auf einem Plastikteller. Neben den Teller knallte er ein Messer auf den Tisch, dass Heinz zusammenzuckte. Den Apfelsaft im Tetrapack setzte er so satt auf den Tisch, dass es schmatzte. Der Wirt ging breit davon, den Schritt tief gesetzt. Heinz sah, dass das Brot vor Trockenheit schon geborsten, der Speck vergammelt, die Essiggurke auf dem Übergang zur Dörrgurke war, und eine Welle von Wut stieg ihm in die Schläfen. Aber Heinz gönnte sich nicht viel, vor allem nicht Weichheit, und so wurde die Brotzeit von Allmannsried zu einer Prüfung, die er zu bestehen hatte. Er würde sie bestehen. Also biss er in das harte, trockene Brot, schnitt vom vergammelten Speck ab und als Draufgabe kaute er an der gummigen Essiggurke. Wie es seine Art war, verzog Heinz dabei keine Miene. Er bohrte den Trinkhalm mit der Präzision eines Chirurgen in den Tetrapack. Als er seinen Teller restlos geleert hatte, rief er nach dem Wirt und fragte, was er schuldig sei. Der Wirt sagte: »Das macht dann zehn Margl.« Heinz hatte zwar die Prüfung des Hinunterwürgens bestanden, die Prüfung des Wuchers wollte er nicht ohne Widerspruch erdulden. So fragte er denn den Wirt, ob er einen Witz mit ihm machen wolle. Heinz war von Natur ruhig und besonnen. Er beleuchtete die Dinge gerne ausgiebig von allen Seiten, ehe er sie in seinem inneren Zettelkasten als erledigt ablegte. Dazu gehörte für ihn, dass man über alles reden konnte, immer in der Annahme, es ließe sich eine Lösung finden.

Der Wirt neigte weniger zur gründlichen Reflexion und wollte über die meisten Dinge überhaupt nicht reden. Reden war für ihn eine Sache unter Spezis, mit denen man sich gemütlich zuschüttet und dann und wann eine Wortmeldung schiebt. Die Preise an seinem Kiosk waren nicht verhandelbar, schon gar nicht mit so einem Dahergelaufenen wie dem da, der war sicher vom Haus Weizenkorn entsprungen. Der Wirt wurde feuerrot. Heinz bewegte sich am Rand eines Kraters, verfügte jedoch nicht über die nötigen Antennen, die ihn gewarnt hätten. Sonst hätte er jetzt nicht weitergeredet. Er wiederholte, die zehn Mark für die vergammelte Brotzeit könnten doch wohl nur ein Witz sein.

Der Wirt schien gegen Reden allergisch zu sein. Mit einer einzigen schnellen Bewegung zauberte er aus dem Kiosk eine Peitsche hervor und schlug schon auf Heinz ein, bevor der begriff, wie ihm geschah. Heinz schrie auf und lief los, den Hügel hinab, der Wirt noch ein paar Schritte hinter ihm her, bevor er umkehrte und mit tief gesetztem Schritt zum Kiosk zurückging, schwerer, stärker durch diesen Sieg.

Heinz war inzwischen bei der Schnellstraße am Fuß des Hügels angekommen, wo eine Notrufsäule stand. Er klappte den Schalter um und erklärte der Zentrale, dass er gerade

von einem verrückten Kioskwirt ausgepeitscht worden war. Die Zentrale blieb sachlich, ein Wagen würde in fünfzehn Minuten bei ihm sein. Er solle bleiben, wo er sei.
Die beiden bayerischen Polizisten setzten ihre Dienstmützen auf, als sie aus dem BMW stiegen. Sie wollten wissen, was vorgefallen sei. Heinz, der alles zugleich erzählen wollte, wurde von ihnen ermahnt – eins nach dem andern – den Hergang der Sache zu schildern. So begann Heinz von Anfang an, als er sein Fahrrad oben beim Kiosk abgestellt hatte, sein Fahrrad, das er sich aus Angst vor der Peitsche des Wirts nicht mehr zu holen getraue. Die beiden Polizisten musterten Heinz mit jenem Routineblick, der den Verrückten, den Verbrecher und Landstreicher messerscharf vom Normalbürger trennt und im Normalbürger den Verbrecher ausspäht, ohne dass der es merkt. Jetzt wollten sie seine Papiere sehen. Sie nahmen die Schweißflecken unter seinen Achseln, den Schweiß auf seiner Stirn zur Kenntnis, hörten seinen Akzent, der ihnen verdächtig schien. Heinz hatte seine Papiere dabei. Er händigte den beiden seinen Arbeitsausweis der Zollbehörde Wolfurt aus, auf dem vor seinem Namen der Titel Dipl.-Ing. vermerkt war. Die beiden Polizisten waren sichtlich überrascht. Sie waren sich ihrer Sache schon sicher gewesen. Waren sich einig – ein Blickwechsel zwischen ihnen hatte genügt –, dass hier ein wenn nicht gefährlicher, so doch leicht abgedrehter Verrückter, wahrscheinlich ein dem Haus Weizenkorn Entsprungener, vor ihnen stand. Sie hatten ihn schon greifen und in ihrem BMW verstauen wollen. Den Kiosk-Wirt kannten sie, der war in Ordnung, hatte so seine Neigungen, die Peitsche war seine Marotte, aber es kam ja so gut wie nie was vor, zumindest nichts Gröberes. Den da aber mit der vogelähnlichen Sprache und der unglaubwürdigen Geschichte und dem Fahrrad, das er sich beim Kiosk nicht mehr zu holen traute, den kannten sie nicht. Dass der aber gültige Papiere hatte und ein Diplomingenieur beim Zoll war, das hätte dem keiner angesehen. Also sagten sie ihm, sie würden ihn zum Kiosk begleiten und die Sache klären. Er könne bei ihnen einsteigen. Heinz fuhr in ihrem

BMW mit, in dem es roch, genauso wie er es sich von einem Polizeiauto vorgestellt hatte.
Beim Kiosk kam ihnen der Wirt entgegen, drückte den beiden Polizisten die Hand und fragte, was er ihnen anbieten könne. Den Heinz würdigte er keines Blickes. Das Fahrrad hatte er weggeräumt. Die beiden Polizisten seien im Dienst, sagten sie, deshalb täte es ein Kaffee. Der Wirt brachte jedem der beiden eine Tasse. Sie setzten sich, Heinz blieb stehen. Die beiden Polizisten sagten, dieser Herr hier, sie zeigten auf Heinz, erhebe Vorwürfe gegen ihn, den Wirt. Vielleicht könnte er ihnen sagen, wie es zu der Auseinandersetzung gekommen und was genau vorgefallen war. Der Wirt setzte sein Feiertagsgesicht auf und fragte, was er denn hätte tun sollen, wenn der Fremde da mit dem Messer auf ihn losgehe. »Mit welchem Messer?«, fragten die beiden Polizisten und sahen Heinz scharf an. Der Wirt ging und holte ein Brotmesser, gerade so eins wie das, mit dem Heinz das steinharte Brot geschnitten hatte. Mit diesem Messer sei der Dahergelaufene aus heiterem Himmel auf ihn losgegangen, sagte der Wirt, da habe er die Peitsche genommen und ihm ein paar über den Rücken gezogen. Viel zu milde sei das noch für so einen. Da sei er getürmt, das Messer habe er fallen lassen. »Und das Fahrrad?«, fragten die Polizisten. Das habe er in Verwahrung genommen, als Beweis. Wahrscheinlich war es ja gestohlen. Bei so einem weiß man nie. Der ist doch bestimmt vom Haus Weizenkorn drüben abgehauen. Das sehe man dem doch an. Der schaue schon so, so man weiß nicht wie.
Die beiden Polizisten sahen Heinz in die Augen. »Das mit dem Messer haben Sie uns verschwiegen«, sagten sie mit drohendem Unterton. Einer der beiden richtete seinen Gürtel, wie um die Hand näher an der Waffe zu haben. Heinz fühlte wieder die Hitze in die Schläfen steigen. Er wurde laut. Das sei eine unverschämte Lüge. Und er wiederholte die Geschichte seiner Demütigung durch die vergammelte Brotzeit zu unverschämten zehn Mark, der Peitschenhiebe auf seinem Rücken, seiner Flucht hinunter zur Straße. Das

Fahrrad sei sein rechtmäßiges Eigentum, was seine Anstellung als Diplomingeniur beim Zollamt Wolfurt wohl beglaubige.

Der Wirt blieb bei seiner Darstellung der Sachlage. Die Polizisten nahmen es zur Kenntnis. Jetzt kam auch die Wirtsfrau dazu, die mit nervösem Blick die Aussage ihres Mannes bestätigte. Der Wirt hatte also eine Zeugin. Ob er immer noch bei seiner Aussage bleibe, wollten die Polizisten von Heinz wissen. Heinz blieb bei seiner Aussage.
Dann müssten sie ihn darüber informieren, dass sie, wenn er Anzeige erstatten wolle, gezwungen seien ihn vorübergehend in Verwahrung zu nehmen. Heinz wollte nicht verstehen, dass er, der nichts verbrochen hatte, verhaftet werden sollte, während der Wirt, der ihn ausgepeitscht hatte, ungeschoren blieb. Es stehe ihm auch frei, zu gehen, sagten die beiden Polizisten, wenn der Wirt von einer Anzeige seinerseits Abstand nehme. Der Wirt machte eine wegwerfende Handbewegung. Er sei kein kleinlicher Typ, sagte er. Für ihn sei die Sache erledigt. Wohin komme er, wenn er jeden Verrückten, der hier vorbeikomme, zur Anzeige bringen täte. Er habe Wichtigeres zu schaffen, als seine Zeit mit Gerichtskram zu vertun.
Diese großzügige Geste veranlasste die beiden Polizisten, nun ihrerseits den Zollbediensteten Heinz aufzufordern, die Sache mit einem Handschlag mit dem Wirt aus der Welt zu schaffen. Heinz, der die Ungerechtigkeit dieser Welt wie einen Stachel im Genick spürte, lehnte empört ab. Der Wirt sah vielsagend zu den beiden Polizisten hinüber, »da seht ihr's«, sagte sein Blick, »mit denen Verrückten ist halt nichts anzufangen«. Heinz forderte sein Fahrrad zurück, wobei er sich an die beiden Polizisten wandte. Diese machten dem Wirt ein Zeichen und der holte das Fahrrad aus dem Kiosk heraus, stellte es ab und setzte sich wieder. Heinz nahm sein Fahrrad, verabschiedete sich mit einem kühlen Nicken bei den beiden Polizisten und fuhr zurück nach Langen, ohne seinen Freund im Haus Weizenkorn besucht zu haben.

Peter Huemer

DIE KONTROLLEURE SIND GEFÄHRLICHER ALS DIE KONTROLLIERTEN

MACHT FREIHEIT STAAT. Drehen wir es um: Staat macht Freiheit. Und: Staat macht Unfreiheit. Beides stimmt. In Österreich ganz besonders. Von den Bürgern selbst pflegt es bei uns selten auszugehen. Die gegenwärtige Demokratie zum Beispiel verdanken wir dem Diktat der alliierten Sieger 1945. Das Diktat wurde zwar von einer Mehrheit erleichtert angenommen – es blieb ihr auch gar nichts anderes übrig –, aber wenige Jahre davor war die Mehrheit noch ganz anderen Sinns gewesen. Die Nationalsozialisten und die Klerikalfaschisten hatten gemeinsam eine – allerdings zerstrittene – Mehrheit in Österreich gebildet, schon lange ehe die Nationalsozialisten die Klerikalfaschisten besiegten. Die Demokraten waren die Minderheit.

Auch die erste demokratische Republik in Österreich entsprang 1918 weniger dem vitalen Bedürfnis einer Mehrheit als vielmehr – wie 1945 – der militärischen Niederlage und dem Bankrott des alten Systems. Es war bekanntlich eine recht wackelige Demokratie, die damals entstand, und der Konsens der Lager reichte nicht über die erfolgreiche Verabschiedung der Kelsen-Verfassung 1920 hinaus. Nach dem Bruch der Koalition zwischen Christlichsozialen und Sozialdemokraten begann unter wechselnden bürgerlichen Regierungen ein vorsichtiger Abbau von Demokratie, der sich nach dem Justizpalastbrand 1927 radikal verschärfte und

1933/34 mit der Ausschaltung von Parlament und Verfassungsgerichtshof und dem Verbot der Sozialdemokratischen Partei nach einem chancenlosen Aufstandsversuch des Schutzbundes seinen erfolgreichen Abschluss fand.

Dieses entspricht österreichischer Tradition: Nicht durch Revolution, Aufstand der Massen, eine wie immer geartete Bewegung von unten wird das politische System gestürzt, sondern von oben, durch einen Staatsstreich der Regierung gegen die demokratische Verfassung.

Das Umgekehrte gilt ebenso: Die Reformen Josephs II., die zum Teil auf erbitterten Widerstand der Bevölkerung stießen und von denen der Kaiser etliche wieder zurücknehmen musste, bedeuteten letztlich ein Mehr an Freiheit – nicht von unten erkämpft, sondern von oben gewährt. Alles für das Volk, nichts durch das Volk, das viel zitierte josephinische Prinzip, ist später auch in das Denken der sozialdemokratischen Bewegung eingeflossen, die in der späten Donaumonarchie und während der Ersten Republik von brillanten Intellektuellen geführt wurde – was nicht immer zu ihrem Vorteil war. Bis in die Kreisky'schen Reformen der frühen 70er Jahre war das josephinische Prinzip spürbar: Liberalisierung von oben. Staat macht Freiheit.

Dass das gleichzeitig eine Schwäche der Zivilgesellschaft in Österreich signalisiert, ist längst Allgemeingut und wird von den politischen Lagern in gleicher Weise mit Krokodilstränen bedauert. Das hat allerdings schon die vorangegangene Regierung nicht daran gehindert, die staatlichen Kontrollmöglichkeiten gegenüber dem Bürger empfindlich zu verschärfen, und die gegenwärtige Regierung beruft sich bei radikalisierter Fortsetzung dieses Kurses auf Konzepte der vorangegangenen. Die Gegenwehr besorgter Bürger war und ist mäßig. Gleichzeitig scheint es auf Regierungsseite eine Vorstellung von Zivilgesellschaft zu geben, die wesentlich auf Nachbarschaftsdienste, organisierte wechselseitige Hilfe,

Hausmusik und dergleichen hinausläuft – wogegen kein Vernünftiger sein wird. In der Konsequenz bedeutet es allerdings einen Abbau des Sozialstaats. Was ja wohl gemeint ist. 1848, Jänner: Henry David Thoreau hält in Massachusetts seinen später weltberühmt gewordenen Vortrag über zivilen Ungehorsam. 1848, März: »Ja, dürfen s' denn das?«, soll Kaiser Ferdinand gefragt haben, als man ihm mitteilte, dass das Volk Revolution macht. Ein Ereignis von weltgeschichtlicher Bedeutung auf die obrigkeitliche Dimension des »Dürfens« reduziert: Ist das spezifisch österreichisch? Und ist Nestroy, der resignierte widerspenstige Zyniker, für österreichisches Denken und Fühlen so typisch wie Büchner, der idealistische Rebell, für deutsches? »Freiheit in Krähwinkel« hier, »Dantons Tod« dort?

Es spricht einiges für die Gegenüberstellung. Dann muss es aber eine historische Begründung für den österreichischen Sonderweg geben. Meines Erachtens führt uns das zurück zu den verheerenden Auswirkungen der Gegenreformation, als einem ganzen Volk das Kreuz gebrochen wurde. Die gewaltsame Rekatholisierung des Landes im 17. Jahrhundert war eine moralische Katastrophe unvorstellbaren Ausmaßes, die Erfahrung des Sich-ducken- und -verstellen-Müssens blieb unvergessen und prägt die Traditionen des Landes bis heute: »... denkt sich sein Teil und lässt die andern reden« (Grillparzer), »Die edelste Nation ist die Resignation« (Nestroy), »Glücklich ist, wer vergisst ...« (Johann Strauß), »Bis Vieradreißig war i Sozialist ... Später bin i demonstrieren gangen für de Schwarzen ... Dann bin i ummi zu de Nazi ... naja, Österreich war immer unpolitisch« (Merz/Qualtinger, Der Herr Karl).[1]

1 Aus: Krischke, T. (Hg.): Helmut Qualtinger. Werkausgabe Bd. 1 »Der Herr Karl« u. a. Texte fürs Theater, Deuticke 1995

Ein zeitgenössisches Gedicht von Gerhard Ruiss mit dem Titel »revoluzion«[2] bringt es auf den Punkt:

hosd
den frechen untaton
in mein
jawoi
gheat?

Thron und Altar hatten vor mehr als dreieinhalb Jahrhunderten mit so unüberbietbarer Gründlichkeit gesiegt, dass das Ereignis bis heute fortwirkt, auch wenn die ursprüngliche Frontstellung: hier katholisch, hier protestantisch, schon im 19. Jahrhundert jede Bedeutung verloren hatte – wie Thron und Altar selbst im Laufe des Zwanzigsten. Aus dieser verheerenden historischen Erfahrung stammt die viel zitierte österreichische Kunst des Sich-Arrangierens mit den Verhältnissen, wie sie nun einmal sind. Das wiederum bedarf einer nuancierten Sprache mit vielen Zwischentönen, weswegen sich das Österreichische erkennbar vom Deutschen unterscheidet – bis hin zum frechen Unterton im Jawohl.

In unmittelbarer Verbindung mit dieser Tradition steht das von Erwin Ringel ausführlich beschriebene Phänomen des vorauseilenden Gehorsams. Dieser hat eine ebenso hässliche Kehrseite: die ziellose Wut gegen »die oben«. Wobei »oben« reine Definitionssache ist: was gerade dafür gehalten und erfolgreich als Feindbild aufgebaut wird. Mit dieser Wut, die vernadert und verleumdet, kann man erfolgreich Politik machen – sogar in die Regierung kann man neuerdings damit kommen.

Die Frage, die sich auf Grund historischer Erfahrungen von der Gegenreformation über die Ära Metternich, den Ersten

---

2 Aus: Single Swingers. Gedichte Lieder Skizzen, Herbstpresse, Wien 1988

Weltkrieg, Klerikalfaschismus und Nationalsozialismus bis heute stellt, ist nun die: ob in Österreich die Kontrolleure nicht allzeit gefährlicher waren als die Kontrollierten? Und ob die Kontrollierten nicht dann am gefährlichsten sind, wenn sie sich mit den Kontrolleuren verbünden, als Denunzianten?

Am 8. Juli 1938 (Eingangsstempel) erreichte das Wohnungsamt Wien I in der Bartensteingasse das folgende handschriftliche anonyme Schreiben (die grammatikalischen Fehler befinden sich im Original): »In XII Bezirk Akazienhof 18/6 wohnt ein getaufte Jude Alexander Szuran. Wir wollen auf unseren Stiegen keine Juden. Er ist nicht gekündigt. Die Parteien.«

Das nationalsozialistische Wien war voll von solchen und ähnlichen Schreiben, anonymen wie nicht anonymen. Selbst Karl Ebner, der stellvertretende Gestapochef von Wien, vertrat die Meinung, dass das Schlimmste in Wien das Vernadern gewesen sei.

Dass dem gegenüber der Heldenmut von Ermordeten und Hingerichteten steht, darf nicht übersehen werden, ändert aber nichts am Befund, verstärkt ihn sogar: Der Staat ist gefährlich, und je gefährlicher er ist, desto gefährlicher werden die Menschen. Daher ist Misstrauen vernünftig, die Kontrolle der Kontrolleure unabdingbar. Das gilt nicht nur für Diktaturzeiten. Und es gilt umso mehr, je weiter die Kontrollrechte von Exekutive und militärischen Diensten reichen, je größer die Gefahr des Missbrauchs mit dem heimlich gesammelten – oft unsinnigen – Material wird und je geschmeidiger sich die Justiz herrschenden politischen Verhältnissen anpasst, während widerspenstige Richter unter Druck geraten. Das nämlich ist unsere Situation.

Zudem ist allerdings eine Frage zu stellen, die weit über Österreich hinausweist: wie sehr sich der Freiheitsbegriff von

Menschen ändert, die schon als Kleinstkinder mit Babywatch lückenlos überwacht worden sind – selbstverständlich zu ihrem eigenen Schutz und in ihrem ureigensten Interesse. Die Überwachung erfolgt ja immer im Interesse und zum Schutz der Überwachten, wird daher auch von Bürgern, deren Denken im Vormärz stecken geblieben ist, freudig begrüßt. Das sind nicht wenige. Das Argument dieser Art von freiwilliger Selbstinfantilisierung lautet: der Überwachte habe eh ein ruhiges Gewissen, nichts zu verbergen. »Ich bin klein, mein Herz ist rein ...« Das Argument wäre nicht denkbar, hätte sich im 19. Jahrhundert in Österreich eine breite Schicht selbstbewussten liberalen Bürgertums entwickelt und wären nicht die, die es gab, zu großen Teilen vom Nationalsozialismus vertrieben oder ermordet worden.

So wird die freiwillige Aufgabe von Privatheit zum Ausdruck staatsbürgerlich korrekter Gesinnung. Und der Gegenschluss etablierten polizeistaatlichen Denkens lautet: Wer der Behörde etwas zu verbergen wünscht, der hat tatsächlich etwas zu verbergen.

Das stimmt auch. Bürgerliche Privatheit, die ihren Höhepunkt im 19. Jahrhundert erlebt hat und das Zwanzigste mit Ach und Krach als Begriff überlebt hat, nimmt sich die Freiheit, der Macht des Staates einen Riegel vorzuschieben, einen wichtigen Zugang zu verschließen. Denn gerade auf diesem Feld bündelt sich der Interessenkonflikt von STAAT und MACHT und FREIHEIT. Wobei der Ausgang des Kampfes absehbar ist: Welchen Sinn wird »Privatheit« in Zukunft noch haben, wenn sie von einer Technologie, die schon jetzt mehr und mehr Institutionen zugänglich ist, jederzeit aufgehoben werden kann? Welche Chance haben wir gegen alle diese vernünftigen elektronischen Systeme von »Roadpricing« bis zur Gesundheitskarte, die uns das Leben und anderen die Kontrolle desselben erleichtern werden?

Der Überwachungsstaat kommt auf leisen freundlichen Sohlen, will uns mittels Lauschangriff vor organisierter Kriminalität schützen, während wir unsere Kinder mittels Babywatch und neuen Telefonsystemen unauffällig selbst überwachen. So übt sich diese Gesellschaft, während sie vorgeblich und wohl auch vergeblich den Überwachungsstaat bekämpft, freiwillig in eine nicht enden wollende elektronische Kontrolle ihrer selbst ein, die längst die Bahnsteige der U-Bahn, die Säle der Museen und die psychiatrischen Krankenzimmer verlassen hat. Das Schlagwort vom »gläsernen Menschen« meint demnach nicht nur den öffentlichen Anschlag auf unsere Intimität, sondern auch unsere eigene Antwort darauf: allmähliche Preisgabe im vorgeblich eigenen Interesse.

Nur so ist ein spezielles Phänomen der 90er Jahre erklärbar: der Bekenntniszwang von Menschen im Fernsehen, die geradezu versessen darauf sind, ihr Privatleben in seinen intimen Details ausbreiten zu dürfen. Da kommt an Ursachen einiges zusammen: der Drang, ein Star für 15 Minuten sein zu wollen, wie es Andy Warhol schon vor Jahrzehnten ahnungsvoll definiert hat; ferner ein gesellschaftlich legitimierter Exhibitionismus, den die kontinuierlichen Tabubrüche seit 1968 samt schlagartig nachfolgender kommerzieller Verwertung durch clevere Marktstrategen bewirkt haben – wobei die neuen Exhibitionisten auch noch der trübseligen Überzeugung sind, es sei sozusagen »nichts dabei«, wenn sie sich entblößen. Darin unterscheiden sie sich grundlegend von den Exhibitionisten früherer Zeiten: jene wussten wenigstens noch, dass etwas dabei ist, wenn sie im Park den Mantel aufrissen. Darum haben sie es ja getan.

Aber die wichtigste und tiefste Ursache für dieses freiwillige öffentliche Ausbreiten privatester Details scheint mir die im Unbewussten sitzende Überzeugung zu sein, dass angesichts der neuen technologischen Möglichkeiten und angesichts des festen Willens von Staat und Wirtschaft, davon gegen die Bürger mehr und mehr Gebrauch zu machen, der

Begriff des Privaten seinen Sinn verliert. Daher geben sie ihn freiwillig auf und entwerten ihn, indem sie sich bloßstellen. Letztlich ein subversiver Trick: Wenn das Private jede Bedeutung verloren hat, kann das darüber gesammelte Material nicht mehr gegen den Bürger verwendet werden.

So gesehen muss man die TV-Exhibitionisten als Avantgarde einer gesellschaftlichen Entwicklung begreifen, die überall spürbar ist: »Ich war in Paris bei den Modeschauen, man trägt gar nichts mehr, zeigt seinen Busen, seinen Po, seine Seele. Das ist eine ungeahnte Transparenz. Symptomatisch für unsere Gesellschaft«, berichtet Patricia Riekel, die Chefredakteurin der »Bunten«, im April 2001. Zur selben Zeit bietet das Wiener Akademietheater an: »Gegen Abgabe (und zur Verfügungstellung) eines authentischen Liebesbriefes an der Abendkasse bekommt jedes Besucherpaar des Tschechow-Abends ›Krokodil meines Herzens‹ (Lesung des Briefwechsels zwischen Olga Knipper und Anton Tschechow) eine Theaterkarte gratis. Inzwischen erfolgter Partnerwechsel ist legitim; die Briefe werden in der Lesung vertraulich behandelt.« Immerhin. Der Schreibende oder Angeschriebene darf während der öffentlichen Verlesung seines Briefs sitzen bleiben. Im Februar 2001 hat Siemens sein »Mobile Family Services«-System vorgestellt: Eltern können so dank Ortungstechnik im Handy den Aufenthaltsort ihrer Kinder jederzeit feststellen – dient natürlich der Sicherheit der Kinder, aber das ist ja klar. Das System ist nicht nur gegen Kinder einsetzbar. Schon im März 2000 hatte der Berliner Fraktionssprecher der CDU für Innen- und Rechtspolitik zur Rechtfertigung der Überwachungskameras auf den Straßen erklärt: »Es kann niemand das Recht geltend machen, unerkannt durch die Stadt zu gehen.«

Fast täglich erreichen uns Meldungen dieser Art aus allen Bereichen gesellschaftlichen Lebens. Es wird enger und enger. Die Frage liegt auf der Hand: Wenn wir den Begriff des Privaten neu definieren müssen, weil der bisherige nicht mehr haltbar ist, müssen wir dann nicht auch den Begriff der Freiheit, der für uns untrennbar damit verbunden ist, neu definieren? Was bedeutet ein solches Leben in Freiheit, wenn es ständiger Kontrolle von außen unterworfen sein wird – auch wenn diese Kontrolle sich zunächst freundlich und fürsorglich gibt? Es braucht nicht viel Phantasie, sich vorzustellen, was passiert, wenn eine radikal populistische rechtsextreme Bewegung sich den Zugriff auf die Daten sichert in der Absicht, Bürger fertig zu machen – und wenn sie dabei weniger dumm und plump vorgeht, als wir es in Österreich kürzlich erlebt haben.

Innerhalb des Begriffsdreiecks STAAT MACHT FREIHEIT gab es im 20. Jahrhundert unentwegt Konflikte. Häufig kam es zu Verschiebungen zugunsten der ersteren und auf Kosten des letzteren. Gelegentlich lief es auch umgekehrt, 1989 im globalen Ausmaß. Die Gefahr einer herkömmlichen 20.-Jahrhundert-Diktatur, wie sie in Spanien und Portugal und vorübergehend in Griechenland bis in die 70er Jahre existiert hat, in Osteuropa bis 1989, in den neuen Staaten Kroatien und Jugoslawien in modifizierter Form bis 2000, in Weißrussland noch immer existiert, scheint für Europa weitgehend gebannt. Die gegenwärtige Bedrohung von Freiheit in der westlichen Welt kommt freundlich auf uns zu, ist nicht brutal wie die früheren – ist allerdings kompromissloser und umfassender als alle Versuche davor.

»Ich reiche Ihnen bittere Pillen in süßem Zuckerguss. Die Pillen sind unschädlich, das Gift steckt in der Süße«[3], schrieb der polnische Philosoph und Satiriker Stanislaw Jerzy Lec 1959. Ein prophetischer Satz.

---

3 Aus: Unfrisierte Gedanken. Aphorismen. Hrsg. und übertragen von Karl Dedecius im Carl Hanser Verlag, München 1959

Edith Kneifl

TELEWORKING

Es läutet. Ich mache nicht auf. Ich weiß, wer vor meiner Tür steht und mit einer gewissen Penetranz auf meine Klingel drückt. Sie weiß, dass ich zu Hause bin. Wo sollte ich sonst wohl sein? Ich verlasse meine Wohnung fast nie.

Sie will mir kostbare Zeit stehlen, will mit mir plaudern, wie sie es nennt, sich den ganzen Mist von der Seele reden, nenne ich es. Als sie zum ersten Mal bei mir anläutete und sich als meine neue Nachbarin vorstellte, habe ich ihr erklärt, dass ich meine Arbeit mittels moderner Telekommunikationsdienste von meiner Wohnung aus erledige und deshalb auch tagsüber nicht gestört werden möchte. Was sie nicht wissen kann, ist, dass ich vor zwei Monaten entlassen worden bin. Ich habe sieben Jahre lang für eine große österreichische Bank gearbeitet. Bereich Telebanking. Angeblich habe ich die letzten Projekte nicht zeitgerecht abgeliefert – so lautete zumindest die offizielle Version. Ehrlich gesagt, war ich gar nicht so entsetzt, als das Kündigungsschreiben kam. Nach unserer Fusionierung mit einer anderen großen Bank wollte ich ohnehin weg. Mir graute nicht nur vor der Übersiedelung, sondern vor allem vor dem neuen, vollklimatisierten Großraumbüro. In der alten Zentrale hatte ich mein eigenes Büro. Ich arbeitete fast rund um die Uhr. Von Top-Leuten verlangt man eben einen gewissen Einsatz. Oft nahm ich mir sogar am Wochenende Arbeit mit nach Hause. Als man mir den Job einer Abteilungsleiterin anbot, lehnte ich entsetzt ab. Ich hielt schon damals keine Menschen in meiner Nähe aus. Genies gedeihen eben nur in der Einsamkeit, spottete mein Chef und ließ mich in meinem verdunkelten Kämmerchen in Ruhe weiter arbeiten. Bei einer routinemäßigen Gesundenuntersuchung, der sich die Angestellten alle paar Jahre zu unterziehen hatten, stellte der Arzt extrem hohe Cholesterinwerte und einen gefährlich erhöhten Blutdruck fest. Er diagnostizierte mir ein Burn-out-Syndrom und empfahl mir, Urlaub zu machen. Ich hatte die letzten fünf Jahre keinen Urlaub genommen und war auch keinen einzigen Tag im Krankenstand gewesen.

Telebanking war gerade in Mode gekommen. Der Druck war enorm und ohne mich ging gar nichts. Darauf war ich sehr stolz und das sagte ich leider auch diesem Doktor, der offensichtlich unter einem Helfer-Syndrom litt. Er fragte, ob ich auch Kopf- oder Rückenschmerzen hätte oder gar Beschwerden im Magen-Darm-Trakt. Ich verneinte, obwohl ich seit Jahren mit massiven Verdauungsproblemen und schlimmen Migräneanfällen zu kämpfen hatte. Eindringlich erklärte er mir, dass psychomentale Belastungen die häufigsten Ursachen von Arbeitsunfähigkeit seien. Seine Erklärung kostete mich nur ein mildes Lächeln. Ich wusste nur zu gut, was sozialer Stress bedeutet. Allein die Vorstellung, den ganzen Tag den Blicken und Stimmen der Kollegen, ihren Ausdünstungen und Bazillen ausgeliefert zu sein, machte mich krank. Außerdem konnte ich mich noch nie konzentrieren, wenn sich eine andere Person mit mir im selben Raum befand. Deshalb war ich sehr froh, als mir der Chef die perfekte Lösung für mein Problem anbot: Teleworking.

Anfangs war ich relativ flott, erledigte sogar mehr zu Hause als normalerweise im Büro, doch nach und nach verstrickte ich mich per Internet immer öfter in die persönlichen Schicksale anderer Menschen, ganz abgesehen von diesen wunderbaren Computerspielen, denen ich mich nun stundenlang ungestört hingeben konnte. Und eines schönen Tages war ich dann plötzlich arbeitslos.

Meine Nachbarin gibt nicht so schnell auf. Nach ein paar Minuten läutet es wieder. Sie ist eine sehr hartnäckige Person, nervt auch ihren Ex-Mann täglich mit Anrufen. Dabei habe ich mich für diese Zweizimmerwohnung im siebten Stock eines neuen Hochhauses auch deshalb entschieden, weil ich hoffte, hier draußen auf der anderen Seite der Donau völlig anonym bleiben zu können. Und wenn nicht ausgerechnet eine frisch Geschiedene die Nachbarwohnung genommen hätte, wäre es mir wahrscheinlich sogar gelungen, in der Anonymität von Wiens Little Manhattan unterzutauchen. Die anderen Mieter in diesem Haus scheren sich einen Dreck um einander.

Von meiner Wohnung bin ich nach wie vor sehr angetan. Das geräumige Wohnzimmer habe ich in ein Arbeitszimmer umfunktioniert. Drei Bildschirme stehen vor dem Fenster und der Balkontür, sie versperren mir den schönen Fernblick. Aber ich lasse die Jalousien tagsüber ohnehin geschlossen. Ich gehe nur spätabends auf den Balkon, um ein bisschen Luft zu schnappen und um das monotone Geräusch der Motoren, das von der Donauuferautobahn, vom Wind vertragen, bis zu mir in den siebten Stock hinauf dringt, zu genießen. Im so genannten Schlafzimmer habe ich all meinen technischen Kram untergebracht: ausrangierte PCs, kaputte Faxgeräte, Videorekorder, Anrufbeantworter und jede Menge Kabel und Kamerazubehör. So manch gutes Stück hat inzwischen Verwendung gefunden. Die Nachbarwohnungen standen leer, als ich einzog, und so habe ich die Gunst der Stunde genützt und habe in den Wohnungen links und rechts neben mir kleine Kameras mit integrierten Mikrofonen angebracht. Reiner Selbstschutz. Man weiß ja nie, was die Leute so vorhaben. Nun habe ich alles unter Kontrolle. Außerdem steh ich auf Reality-TV. Inmitten all der großen Überwachungskameras, die der paranoide Bauherr überall in diesem Haus, selbst auf der Dachterrasse, in den Kellern und in der Tiefgarage hat anbringen lassen, fallen meine kleinen Kameras nicht auf. Ich habe die hellgrauen Verteilerdeckel durch halbdurchsichtige Spiegel mit eingebauten Mikros ersetzt. Sie sehen nun wie verchromte Deckel aus.

Was haben wir heute für einen Tag? Ich werde meinen PC fragen müssen. Sonntag. Wunderbar! Heute laufen im Fernsehen zwei meiner Lieblingssendungen. Die eine hat schon angefangen. Ich stelle den Ton lauter. Schließlich muss ich wissen, wann ich mich per E-Mail einklinken kann. Allerdings ist mir momentan weder nach Beschimpfungen noch nach einem ernsthaften Diskussionsbeitrag zumute. Ich werde dem heutigen Gast einfach ausrichten, dass er sich ein paar hübsche, bunte Krawatten und einen moderneren Anzug zulegen soll. Dieses Grau in Grau kommt auf dem Farbbildschirm nicht besonders gut.
Wie sehr ich früher diese Sonntage hasste. Ich litt unter einer chronischen Wochenend- und Feiertagsdepression. Inzwischen ist es mir völlig egal, welchen Tag wir haben. Ein Tag ist wie der andere. Meine Besorgungen erledige ich nur nachts. Erstens begegnen mir dann weniger Menschen auf der Straße und zweitens erspare ich mir die Fahrscheine, denn um diese Stunde liegen die Kontrolleure längst in ihren warmen Betten.
Seit ich mich aus den Automaten am Praterstern versorge, komme ich mit hundertfünfzig Schilling pro Tag nicht mehr aus, obwohl ich keine besonders hohen Ansprüche stelle. Die Preise an diesen Selbstbedienungsautomaten der Supermärkte sind total überhöht. Außerdem könnten sie endlich einmal das Sortiment erweitern. Ich darf nicht vergessen, dem Konzernchef ein E-Mail zu schicken und ihm mit einer Klage zu drohen, falls ich wegen einseitiger Ernährung erkranken sollte. Schokolade, Päckchensuppen und Ein-Minuten-Snacks sind auf Dauer bestimmt nicht sehr gesund. Natürlich könnte ich auch das Rauchen ein wenig einschränken. Zwei Päckchen täglich sind eindeutig übertrieben. Die Zigaretten besorge ich mir übrigens auch des Nachts beim Automaten ums Eck. Ein Leben ganz ohne Laster? Nein, das wäre nichts für mich. Vielleicht sollte ich mir ausnahmsweise eine kleine Bloody Mary genehmigen? Schließlich haben wir Sonntag. Sonst trinke ich aus Prinzip nie vor Sonnenuntergang. Aber Alkoholgenuss steigert meine

Rachegelüste, zumindest werden meine Vergeltungsphantasien unter Alkoholeinfluss viel raffinierter. Ich weiß, ich muss mich gedulden. So kurz nach der fristlosen Entlassung würden sie mich sicher verdächtigen. Meine ehemaligen Vorgesetzten wissen, wie clever ich bin. Eines Tages aber werde ich dann den ganz großen Coup landen. Selbst wenn sie nach meinem Abgang alle Zugangscodes und Passwörter geändert haben, ich komme überall rein, auch in den zentralen Rechner, ich bin wirklich gut, wenn nicht sogar die Beste.

Mal schauen, was meine unglückliche Freundin macht. Ich habe sie über eine Kontaktbörse im Internet kennen gelernt. Persönlich habe ich sie natürlich noch nie getroffen. Sie ist eine echte Selbstmordkandidatin. Gestern schrieb ich ihr:
»warum genießt du nicht endlich deine freiheit?«
Sie antwortete: »welche freiheit? die freiheit zu verrecken?«
»jede freiheit ist natürlich begrenzt«, schrieb ich.
Ich werde nicht ganz klug aus ihrer Geschichte. Sie sei Chefsekretärin gewesen und von einer jüngeren Kollegin gemobbt worden, hat sie zuerst behauptet. Später hat sie mir dann von ihrem Chef erzählt. Jahrelang hat er sie aufs Kreuz gelegt. Als er ihrer überdrüssig wurde, hat er sie durch diese jüngere Kollegin ersetzt. Leider hat sie mir weder seinen Namen noch den Namen der Firma, für die sie zwanzig Jahre geschuftet hat, verraten. Ich hätte schon so einige Ideen, wie sie sich mit meiner Hilfe an ihm rächen könnte. Doch sie ist anscheinend viel zu gutmütig oder besser gesagt zu blöd, um Rachegedanken zu hegen. Ich könnte ihr natürlich auch auf andere Art und Weise beistehen. Muss mich mal auf der Selbstmord-Website informieren, welche Dosis Schlaftabletten ihr am ehesten zu einem möglichst problemlosen Freitod verhelfen würde. Ich könnte ihr auch anbieten, sie in den Tod zu begleiten, denn es stirbt sich ja angeblich gemeinsam leichter. Natürlich denke ich nicht im Traum daran, meinem Leben jetzt schon ein Ende zu setzen. Aber der Gedanke, dass mir dieser Ausweg jederzeit offen steht, beruhigt mich. Jean Améry hat einmal zu Recht behauptet, dass der Freitod

ein Privileg des Humanen sei. Im Gegensatz zu meiner depressiven Freundin genieße ich aber einstweilen noch meine, zugegeben etwas unerwartet gekommene Freiheit. Ich habe mehr zu tun denn je und sehne mich nach wie vor nicht nach Gesellschaft, oder besser gesagt: die Gesellschaft meiner PCs reicht mir vollkommen. Ich verbringe heute mindestens so viel Zeit an meinen Bildschirmen wie früher, als ich noch in der Zentrale saß. Allerdings kann ich jetzt selbst entscheiden, wie lange ich die Computer eingeschaltet lasse.

»warum meldest du dich nicht? liegst du noch im bett?«, frage ich.
Seit meine Freundin arbeitslos ist, steht sie nie vor Mittag auf. Unlängst hat sie mir gestanden, dass sie sich nur mehr anzieht, wenn sie das Haus verlässt, sonst läuft sie immer in einem alten Morgenmantel herum.
Ich würde mich in einem Morgenmantel nicht wohl fühlen. Da ich ein eher verfrorener Typ bin, trage ich tagein, tagaus Jogginganzüge. Auch zum Schlafen behalte ich den Jogger an. Ich schlafe, wann es mir beliebt, und lege mich einfach auf die Couch im Wohnzimmer, wenn ich müde bin.
»mir geht's nicht gut. heute war ich sogar zu faul, mir etwas zu kochen«, schreibt sie.
»hast du dir früher nicht oft gewünscht, einfach nur faul sein zu dürfen?«
»ich konnte es mir nicht leisten, nichts zu tun.«
»die freiheit, tun und lassen zu können, was du willst, ist doch ein großes privileg«, antworte ich.
»ich weiß mit meiner freien zeit nichts mehr anzufangen. besonders am vormittag erscheint mir alles noch viel sinnloser.«
»die übliche verzweiflung an einem grauen sonntag, die beste zeit zum grübeln«, schreibe ich zurück.
»alles ist sinnlos. wenn es keine hoffnung gibt, macht es auch keinen sinn mehr, zu warten.«

Sie langweilt mich. Gleich wird sie wieder jammern, dass sie mit der Arbeitslosen nicht auskommt. Sie ist nicht mehr

vermittelbar. Chefsekretärinnen haben eben jung und knackig zu sein, das sollte sie inzwischen wissen. Wahrscheinlich wird man ihr demnächst einen Job als Kassiererin in einem Supermarkt anbieten. Und sie wird, wenn ich es nicht verhindere, diesen völlig unzumutbaren Job auch annehmen. Ich wäre übrigens nie auf die Idee gekommen, Arbeitslose oder gar Sozialhilfe zu beantragen.
Auf jeden Fall muss ich diesen Sozialfall bald loswerden. Sie kostet mich zu viel Zeit. Sonntag ist doch bei Selbstmördern ein sehr beliebter Tag. Ob zwölf Valium und eine halbe Flasche Whisky wohl ausreichen werden?
Ich zitiere zum Abschied eine passende Stelle aus meinem Lieblingsgedicht von Bertolt Brecht, es handelt von Hoffnung und – das darauf folgende Nichts. Dann lasse ich meine potentielle Selbstmörderin mit ihrem Elend allein.

Zur Entspannung sollte ich mir vielleicht ein kleines Spielchen gönnen. Bin neugierig, ob ich es schaffen werde, meinen gestrigen Rekord bei der Moorhuhnjagd zu übertreffen.
Bevor ich Hühner abzuschießen beginne, gehören aber die Erlagscheine eingezahlt, sonst sperren sie mir noch das Telefon. Betriebskosten, Telefonrechnung, ORF- und andere Zwangsgebühren zahle ich natürlich per Telebanking. Und ich werde mich wieder sehr beherrschen müssen. Jedes Mal, wenn ich ins Netbanking einsteige, bin ich nahe daran, der Versuchung zu erliegen. Ich war damals an der Software-Entwicklung für Telebanking beteiligt. Als sie mich in den Teleworking-Bereich abschoben, haben sie mir mein Baby weggenommen und mir anstatt dessen todlangweilige Controller-Projekte aufgehalst. Aber das werden sie, wie gesagt, eines Tages noch bereuen.
Ich kann mich heute einfach nicht konzentrieren. Kein Wunder, werde ich doch ständig gestört. Auf dem dritten Bildschirm erscheint gerade wieder meine liebe Nachbarin. Weinend greift sie nach dem Telefon. Wetten, dass sie ihren Ex-Mann anruft? Und wenn sie ihn nicht erreicht, wird sie wieder an meiner Tür läuten.

Ulrike Längle

NEO-NAZIS IN LÜNEBURG

Heute, am 11. Juni, war ich so gegen zehn Uhr in der Stadt einkaufen. Für den Nachmittag um 15 Uhr war ein Treffen mit dem Stadtdirektor vorgesehen, der mich und Frau G. vom Heine-Haus nach Bardowick eingeladen hatte, zu einer Besichtigung des Domes und eines Pestspitals und zum Kaffeetrinken. Schon beim Überqueren des Marktplatzes fiel mir auf, dass besonders viele Beschriftungen auf dem Boden stehen, z. B. »Nie wieder Faschismus« oder »Nur wer aufsteht, kann sich widersetzen«. Auch beim Heiraten waren die Leute heute nicht so aktiv, erst um 11 Uhr, als ich zurückkehrte, war eine Hochzeit im Standesamt im Heine-Haus im Gange. In meiner Wohnung dann der Anrufbeantworter: Frau G. vom Literaturbüro teilt mir mit, dass der Termin in Bardowick leider geplatzt ist, weil eine Demonstration der NPD angesagt ist und der Stadtdirektor hier bleiben muss. Ich rufe an und erkundige mich: Schon letztes Jahr hatten die Neonazis in Lüneburg eine Demonstration abgehalten, sich dabei jedoch als Arbeitsloseninitiative getarnt und sogar noch den Oberbürgermeister zu einem Grußwort eingeladen. Herr Mädge hat das Grußwort gesprochen und ihnen bei dieser Gelegenheit ordentlich die Meinung gesagt. Herr Ulrich Mädge, der OB von Lüneburg, der, der mich gleich als »politischen Kopf« eingestuft hat, ist auch Präsident des deutschen Städtetages, deshalb ist in Lüneburg relativ oft politische Prominenz zu Besuch, z. B. Minister Schily zum Jubiläum »50 Jahre Bundesrepublik«. Leider war ich da in Berlin. Aber die Einladung habe ich noch. Heute spricht

Ministerpräsident Gerhard Glogowski im Rathaus (Fürstensaal!) bei der Landestagung des Niedersächsischen Tischlerhandwerks. Die heutige Demonstration war von der Stadt verboten worden, doch die NPD ging zum Gericht und das hat die Demo erlaubt, da die NPD keine verbotene Partei sei. Im Heine-Zimmer, von dem man einen guten Überblick über den Platz hat, hat sich bereits die Polizei einquartiert, das Fax des Literaturbüros ist requiriert worden. Der Stadtdirektor bleibt in Lüneburg, man befürchtet Racheakte gegen seine Person.
Ich gehe jetzt Klavier spielen, vom Veranstaltungssaal des Heine-Hauses, wo das Klavier steht, habe ich einen guten Überblick. Vielleicht kann ich das Geschehen durch Intonation der »Marseillaise« bei offenem Fenster anfeuern.
Als sensationslüsterne Literatin kehre ich enttäuscht vom Klavierspiel zurück. Meine Kenntnisse nach vier Klavierstunden reichen immerhin so weit, dass ich bereits einen Marsch von Diabelli spielen kann, der allerdings nicht sehr kriegerisch ist, weil immer wieder Triolen vorkommen, und der zweihändig nicht halb so gut klingt wie vierhändig. Benno, mit dem ich vierhändig spiele, sagt, ich sei begnadet auf dem Klavier, aber Benno meint es sowieso sehr gut mit mir. Jedenfalls ist auf dem Marktplatz alles ruhig. Der Würstelstand steht auch noch. Man sieht einen Polizisten mit Handy herumgehen, sonst tut sich gar nichts. Die Beschriftungen mit Kreide stehen immer noch da. Auf dem Diana-Brunnen kann man lesen: »NPD vernichten«. Das Hochzeitspaar des Tages hat sich verflüchtigt, nachdem es sein Auto aus weißem Klopapier auswickeln musste, in das es ganz eingehüllt gewesen war. Wenn ich einmal heiraten sollte, fehlt es mir jedenfalls nicht an Anregungen. Zum Abschluss spiele ich noch mit zwei Fingern die »Marseillaise«, bei geschlossenen Fenstern. Aber nicht aus Angst vor den Polizisten, sondern weil es zu kalt ist, die Außentemperatur beträgt ungefähr zehn Grad.
In der »Landeszeitung für die Lüneburger Heide« steht unter der Schlagzeile »Stadt will NPD nun vor OVG stoppen«,

dass, nachdem das Verwaltungsgericht das Verbot der NPD-Kundgebung durch die Stadt aufgehoben hat, diese nun vor das Oberverwaltungsgericht gehen will. Oberbürgermeister Mädge bedauert die Entscheidung des Verwaltungsgerichtes, äußert aber drei Bitten: Gegendemonstrationen sollen Verbote, »so schwer es auch in diesem Fall sein mag«, respektieren, es möge keiner Gewalt gegen Menschen und Sachen anwenden und niemand solle die Arbeit der Polizei behindern. Fünf verschiedene Gruppen hätten Gegendemonstrationen angemeldet, zwei habe man untersagt, über drei wolle die Verwaltung in der Nacht entscheiden. Die Stadt habe eine Demonstration des »Lüneburger Bündnisses gegen die NPD-Kundgebung« abgelehnt, das Bündnis hat Beschwerde vor dem Verwaltungsgericht eingelegt. Die nächste fette Überschrift lautet »Demokraten stärken OB« und berichtet über Unterstützungserklärungen für das Verhalten von Herrn Mädge. Die Politiker im Rat der Stadt Lüneburg stärken der Verwaltung geschlossen den Rücken. Eine Stellungnahme: »Diesen Leuten Öffentlichkeit zu geben halte ich für gefährlich, es zu verbieten für legitim. Ich finde es gut, dass die Stadt vors OVG zieht. Diese Menschen appellieren nur an ein dumpfes Unzufriedenheitsgefühl und wollen sich gar nicht politisch artikulieren.«

Um 15 Uhr gehe ich aus dem Haus, zum Briefkasten in der Großen Bäckerstraße. Der Platz hat sich inzwischen ziemlich verändert: Es stehen ca. 15 weiß-grüne Polizeiautos herum, an einer Ecke zwei geräumige Grüne Minnas, an der gegenüberliegenden ein Krankenwagen. Die Polizisten sitzen ruhig in den Autos. Auf den Stufen zum Untersuchungsgefängnis sitzen Jugendliche und schauen zu, aber es tut sich nichts. Kurz vor dem Briefkasten in der Großen Bäckerstraße (Lüneburgs *Baker Street*) höre ich eine alte Dame zu ihrem Mann sagen: »Was soll denn los sein? Alles, was nicht angebunden ist.«

Ich muss dann noch ins Reisebüro Mencke und mache anschließend eine kleine Runde. Ein Vater sagt zu seinem kleinen Sohn, der fragt, was die Polizei da macht:

»Die nehmen dir das Fahrrad weg.«
Auf einem Plakat mit der grünen Abgeordneten für das Europaparlament hat man der Dame einen Bart aufgemalt. Dann kommen mir ein Polizist und eine Polizistin entgegen, in khakigrünen Anzügen, geradezu schick, die Polizistin trägt eine lange, offene dunkelblonde Lockenmähne, beide schlecken ein Eis. Ich biege in die Untere Schrangenstraße ein und sehe nach der chinesischen Nachtigall in der Zoohandlung, aber es ist noch immer keine hier. An der Tür wird geworben: *Ferramol Schneckenkorn. Schont den Nützling. Regenfest.* Damenmoden *Venus* zeigt derzeit Badeanzüge, Pareos und Frotteemäntel in Orange und Gelb. Aber das Wetter ist nicht danach. Dann komme ich wieder auf den Marktplatz, alles ist ruhig. In den Fenstern im ersten Stock des Heine-Hauses sehe ich ein paar Polizisten. Wahrscheinlich ist die Demonstration abgesagt. Ich telefoniere mit Frau G. im Literaturbüro, aber sie weiß auch von nichts. Im Nebenraum, dem Heine-Zimmer, laufen bei den Polizisten ständig Faxe ein. Die Gegendemonstranten hätten sich um 14 Uhr bei der Post versammelt. Aber bis jetzt ist alles vollkommen ruhig. Ich erfahre noch, dass Herr Mädge auch Berufsoffizier ist. Im Radio höre ich, dass heute der Deutsche Bundestag mit großer Mehrheit beschlossen hat, das deutsche Truppenkontingent für den Kosovo auf 8500 Mann aufzustocken. Und Außenminister Joschka Fischer hat gestern im Fernsehen verkündet, er könne seit Wochen endlich wieder einmal aufatmen: der Friede sei nach Europa zurückgekehrt.
Gegen 16 Uhr beziehe ich wieder meinen Beobachtungsposten im Heine-Haus, aber es tut sich nichts. Inzwischen sind noch einmal dreizehn Polizeiautos platziert, am Ochsenmarkt, Richtung Ratsbücherei. Die Polizistinnen und Polizisten stehen herum, die Helme locker um die Arme gehängt. Dann erhalten sie alle Esspakete und etwas zu trinken. Es bleibt ruhig. Frau G. erzählt, dass sich die Demonstranten irgendwo hinter dem Supermarkt Am Sande treffen. Ich übe Klavier, Weisen von Anton Diabelli, immerhin einem Zeitge-

nossen von Heine, diesmal bei geöffnetem Fenster, dann noch die Übungsstücke, die mir meine Klavierlehrerin aufgegeben hat, unter anderem ein Weihnachtslied. Alles äußerst friedlich. Gegen 17 Uhr hört man von Ferne Sprechchöre »Nazis raus, Nazis raus« oder »Nazis von der Straße weg« oder »Nie wieder Auschwitz«. Von meinem Fenster aus sind keine Nazis zu sehen.
Gegen halb sechs Uhr gehe ich noch einmal aus dem Haus, eine Zahnpasta einkaufen. Eigentlich wollte ich heute nachmittag zum Friseur, nachdem ich erfahren hatte, dass der Bardowicker Termin flachfällt, aber wenn der Weltgeist durch Lüneburg weht, muss ich dabei sein. Beim Rückweg von *Schlecker* nähere ich mich der Menschenansammlung auf dem Marktplatz. Die Nazis bestanden aus zwei Ständen mit Sonnenschirmen, schwarz-weiß-rot, »Ein Herz für Deutschland«, mit den Parolen »Ausländerrückführung statt Integration« und »Arbeit statt Profit«. Die Gegendemonstration bestand aus zwei Schildern, die in die Höhe gehalten wurden und auf denen stand: »Linksruck: Nazis raus«. Das war alles. Die beiden Sonnenschirme waren von einer dichten Kette von Polizisten und überraschend vielen Polizistinnen umgeben, mit Beinschienen und Helmen, die den Zugang zu den zwei Ständen absperrten. Sogar ein Kinderwagen stand da, mit einem schlafenden Baby, um das sich anscheinend niemand kümmerte. In den Dianabrunnen hatte jemand ein Waschmittel geworfen, sodass die oberste Schale überschäumte. Pünktlich um sechs spielten die Meissener Porzellanglocken vom Rathausturm »Der Mond ist aufgegangen«. Da sich nichts tat, ging ich vorläufig nach Hause.
Soeben kommt in den Nachrichten, dass die verbotene NPD-Demo in Lüneburg doch stattfinden darf. Die Radiostimme sagt, die Stadt Lüneburg habe die Demonstration verboten, weil sie Zusammenstöße mit linken Demonstranten befürchte. Wie wahr, kann man da nur sagen.
Nach einiger Zeit halte ich es nicht mehr aus, zumal man jetzt die Sprechchöre bis in meine Wohnung hört, sogar bei geschlossenen Fenstern. Ich gehe wieder ins Heine-Haus

hinüber. Die Polizei ist jetzt durch Hundeführer verstärkt. Schäferhunde an Polizistenleinen sind in Deutschland kein angenehmer Anblick. Der Gerechtigkeit halber muss ich sagen, dass auch ein anderer Hund dabei war, ein hellgelber, die Sorte kenne ich nicht. Von den Nazis sieht man wenig, man hört immer noch hauptsächlich die Sprechchöre »Nazis raus, Nazis raus«, »Nazis von der Straße weg« oder, falls ich richtig höre: »Ob grün, ob braun, Nazis in die Fresse haun.« Da sich nichts Besonderes tut, ziehe ich mich wieder ans Klavier zurück und übe in Fritz Emonts Schule »Erstes Klavierspiel. Ein Lehrgang« die Stücke »Winter ade«, »Was soll das bedeuten« (ein Hirtenlied für Weihnachten), »Freut euch, ihr Schäfersleut« und eine »Volksweise« ohne Titel. Das heutige Volk scheint von bedeutend weniger sanftem Gemüt zu sein als diese terzenseligen Melodien. Irgendwann werden die Sprechchöre wieder lauter und ich beziehe wieder meinen Fensterplatz. Jetzt schreit jemand etwas in ein Megafon, wahrscheinlich ein Neonazi, es ist so laut, dass ich kein Wort verstehe. Es hat sich auch eine Menschenkette gebildet, die ein Transparent hochhält, aber so, dass ich nichts sehe. Die Menschenkette besteht aus Glatzköpfen, also Neonazis. Die Trillerpfeifen schrillen, die Sprechchöre werden lauter, unten kommt eine Polizistin aus dem Polizeiauto und geht zu den Sanitätern, die daraufhin ihre Rucksäcke schultern und sich Richtung Zentrum des Geschehens auf den Weg machen. Aus den Seitenstraßen, der *Bardowicker Landstraße* und der *Rosenstraße*, scheinen Gegendemonstrationszüge zu kommen. Sie werden von Polizistenketten aufgehalten. Auf dem Rathausplatz stehen jetzt mindestens zehn grüne Minnas. Die Polizisten sind alle ausgestopft und tragen Beinschienen, Helme und Mundschutz. In der Mitte des Platzes, vor dem *Kaufhof*, scheint das Zentrum der NPD zu sein. Sie sind von einer Polizistenkette umringt, damit ihnen niemand etwas tun kann. Das Geschrei wird immer lauter, man hört jetzt auch den antiquierten Kampfruf »Es lebe die internationale Solidarität«. Soll das im Moment vielleicht die NATO sein? Es fliegen sogar ein paar

Flaschen durch die Luft. Scherben klirren. Dann wird ein Lied gebrüllt, das ich nicht verstehe, so gehe ich wieder in meine Wohnung.
Natürlich lässt mir das Ganze keine Ruhe und ich beschließe nach einer halben Stunde, wieder auf den Platz hinauszugehen. Zur Sicherheit stecke ich meinen Ausweis ein, ich bin schließlich Ausländerin und man weiß nie, ob man bei solchen Gelegenheiten nicht aus Versehen verhaftet wird. Der Platz ist mit Polizei angefüllt. Sonst stehen hauptsächlich Jugendliche herum, in Schlabberpullovern oder mit Fahrrädern. Das bürgerliche Lüneburg scheint die Gelegenheit zu meiden. Ich gehe an der Bank vor dem Gefängnis vorbei, auf der, wie immer, die Lüneburger Sandler sitzen. Einer hat heute einen schwarzen Hund an einer Leine und schwingt seine Krücke durch die Luft. Vorne, gegenüber der Buchhandlung, ballen sich die Polizisten. Alle mit Mundschutz, Knieschienen und Helm. Im Moment ist es etwas ruhiger. Auf den Stufen des Gefängnisses sitzen Jugendliche und Polizisten. Ein junges Mädchen mit langen roten Haaren fragt einen Polizisten, ob sie endlich über die Straße darf, Richtung *Sankt Nicolai*, sie warte jetzt schon zwei Stunden. Der Polizist erlaubt es nicht, aber es sei ohnehin bald vorbei. In der *Bardowicker Landstraße* drängen ein paar Gegendemonstranten herbei, aber die Polizistenkette hält sie zurück. Alle schreien »Nazis raus«. Ich fasse Mut und frage einen der Polizisten, wo eigentlich die Nazis seien. »Da drüben, die mit den Glatzköpfen, das sieht man doch deutlich«, sagt er ziemlich verärgert. Mir kommt vor, er fürchtet sich, obwohl die Polizei völlig in der Überzahl ist und die Situation »voll im Griff hat«, wie es so schön heißt. Ich schaue etwas genauer hin und sehe ca. 20 bis 25 junge Männer, darunter einige höchst aggressiv aussehende Glatzköpfe mit Springerstiefeln, denen ich auch nicht begegnen möchte, aber auch einige schmächtige Jüngelchen, die gerade etwas zusammenfalten, das wie schwarze Fahnen aussieht, und in einem schwarzen Lieferwagen verpacken. Sie scheinen sich zum Abzug zu rüsten. Die Gegendemonstranten schreien wieder:

»Nasis raus, Nazis raus.« Ich mache mich auf den Heimweg. Als ich an der Bank mit den Sandlern vorbeikomme, grölt einer: »Hat die aber lange Beine.« Ein anderer fällt ein: »Aber grüne Schuhe, hahaha!« Als ich in die *Burmeisterstraße* einbiege, steigt der Lärmpegel wieder an. Ich drehe mich um und sehe, dass die Neonazis abziehen, unter verstärkten Sprechchören »Nazis raus, Nazis raus«. Plötzlich rennen an mir circa sieben Jugendliche vorbei, mit Turnschuhen und Anoraks, wahrscheinlich antifaschistische Jugendliche, auch ein Mädchen ist dabei. Dann kommen noch drei Skins mit Irokesenfrisuren und metallbeschlagenen Stiefeln, ich bin froh, dass ich in meiner Haustüre verschwinden kann.
In meiner Wohnung schalte ich den Fernseher ein, 3sat, und gerate in ein Programm mit Wiener Walzern, Nikolaus Harnoncourt dirigiert in Berlin *Unter den Linden* die Wiener Philharmoniker mit einem Johann-Strauß-Programm unter dem Titel »Walzertraum«. Mir tun die armen Deutschen Leid. Man hat den Eindruck, sie fürchten sich alle. Und schreien am liebsten in der Gruppe. Ich fürchte mich auch, aber weniger vor dem, was hier tatsächlich geschieht, als vor den Bildern, die einem dazu einfallen. In der Konzertpause kommt ein Film mit der Geschichte der Straße *Unter den Linden* und natürlich sieht man auch die SA dort marschieren. Nach einiger Zeit gehe ich noch einmal nach oben, ins Heine-Haus, und blicke zum Abschluss noch einmal auf das Geschehen hinunter. Die Polizisten essen Würstchen mit Senf und trinken eine Flüssigkeit aus Plastikbechern, die vielleicht sogar Bier ist. An einem Pfosten lehnt Oberbürgermeister Mädge nach geschlagener oder Gott sei Dank nicht geschlagener Schlacht und telefoniert durch ein Handy. Eine große blonde Frau mit kurzen Haaren, Hosen und einem schwingenden schwarzen Paletot geht auf ihn zu und spricht mit ihm. Sie wirkt sehr standfest und zuverlässig, wie eine deutsche Gutsherrenfrau oder eine Psychologin aus der Eheberatung, die den Leuten Mut macht. Wahrscheinlich die Frau Oberbürgermeisterin, denke ich, aber später erfahre ich, dass die ganz anders aussieht. Kurz darauf hat auch sie

ein Handy in der Hand und telefoniert. Ein telefonierendes Oberbürgermeisterehepaar nach einer Demonstration, das habe ich noch nie gesehen. Dann treten sie beide ins Heine-Haus ein, wo sich das Hauptquartier der Polizei befindet. Der Platz wird bereits durch die städtischen Kehrmaschinen und die städtischen Müllabfuhrbeamten in orangefarbenen Plastiküberkleidern gereinigt. Morgen ist schließlich Markt. Drei dünne junge Burschen mit Fahrrädern fahren Richtung *Ratsbücherei* weg, sie haben zwei Transparente mit der Aufschrift »Linksruck: Nazis raus!« bei sich. Vielleicht sind es Pastorensöhne. Schade um den schönen Nachmittag. Wenn es nach Bürgermeister Mädge gegangen wäre, hätte das alles erst gar nicht stattgefunden. Ich komme mir schon vor wie Kaiser Franz Joseph, der gesagt haben soll: »Mir bleibt auch nichts erspart.« Die Schaumkrone im obersten Becken des Dianabrunnens ist jetzt so hoch, dass der Wind Schaumfetzen wegreißt und in der roten Geranienkrone, die das unterste Becken bekränzt, wieder fallen lässt. Aber außer mir fällt das hier garantiert niemandem auf. Von der *Schröderstraße* kommt ein Paar herbeispaziert, das mir zuwinkt. Es sind zwei Herrschaften aus der literarischen Gesellschaft. Sie fragen mich, ob ich die ganze Zeit zugeschaut hätte, und ich sage, nein, nur seit circa 17 Uhr, als es richtig losgegangen sei. Sie waren gerade im Kino und empfehlen mir den Film »Ned Divine«, eine irische Schnulze, aber so richtig etwas fürs Gemüt. Es gibt auch in Lüneburg noch normale Menschen. Ich schließe beruhigt das Fenster und ziehe mich endgültig in meine Wohnung zurück. Ich telefoniere mit einem Freund in Österreich und schildere ihm das Geschehen.
»Ja, so sind sie, die Deutschen«, meint er, »und im Norden ganz besonders.«
Er rät mir, noch eine Flasche Rotwein aufzumachen und ein Gläschen zu trinken. Ich befolge seinen Rat und esse dazu Schweizer Käse, den ich von meiner letzten Reise mitgebracht habe, und Mostbröckle aus dem Appenzell, eine Spezialität aus geräuchertem Rindfleisch. Bei den Klängen des

»Kaiserwalzers« beruhigt sich mein Gemüt wieder etwas, dann singt ein Sängerpaar das Duett »Wer uns getraut« aus dem »Zigeunerbaron« und zum Abschluss kommt noch der unverwüstliche »Donauwalzer«. Ein würdiger Abschluss dieses Nachmittags der Demonstrationen.

Am nächsten Tag abends wieder ein Spaziergang durch Lüneburg, das heute das friedliche Bild eines am Wochenende ausgestorbenen Kleinstädtchens bietet. Zwei Schilder: »XY, Malermeister. Alle Anstreicharbeiten zur Verschönerung und Werterhaltung«. An der Kronenbrauerei ein Hinweis: »Freiluftbiertrinken im Innenhof.« Klingt wie eine sportliche Disziplin, wie Freistilringen.

In der »Landeszeitung für die Lüneburger Heide« vom 12. Juni der Bericht über die gestrigen Vorfälle: Auf dem Titelblatt heißt es: »Krawalle bei NPD-Demo in Lüneburg. Bei der NPD-Kundgebung gestern Abend auf dem Lüneburger Marktplatz ist es zu Ausschreitungen gekommen. Steine und Flaschen flogen, drei Polizisten und zwei Demonstranten erlitten Verletzungen. Die Polizei musste die Veranstaltungen, von der Stadt verboten, aber von Gerichten genehmigt, mit gut drei Hundertschaften schützen, Demonstranten kamen in Polizei-Gewahrsam. Die NPD-Veranstaltung selber war nur von rund achtzig Teilnehmern, vor allem auswärtigen Neonazis, besucht. Sie gelangten unter Polizeischutz auf den Markt. Rund 250 Gegendemonstranten protestierten gegen die Rechtsextremisten.« Innen dann auf Seite drei ein großer Bericht mit Foto, das die Demonstranten mit einem Transparent zeigt: »Kein Fußbreit den Faschisten! Antifaschistisch kämpfen«, darunter die Überschrift »Rechte Parolen gehen im Pfeifkonzert unter. Oberbürgermeister Mädge sagte: ›Ich bin verbittert, dass die Richter unsere Begründung nicht ernst genommen haben. Es ist erschreckend, zu sehen, wie junge Leute völlig verblendet hier missbraucht werden für nationalsozialistisches Gedankengut, und das auf dem Markt, wo dies vor mehr als 60 Jahren schon mal geschehen ist.‹ Den OB erschreckte aber auch das Gewaltpotential auf Seiten der Gegendemonstranten.«

Weiter heißt es in dem Bericht, dass dreieinhalb Hundertschaften der Polizei »eine kleine Schar von etwa 80 Neonazis« schützten. Es flogen Steine, Flaschen und Dosen, als die Neonazis auf der *Bardowicker Straße* anrückten, auch gegen die Polizisten, die nach der richterlichen Verfügung angehalten waren, die Veranstaltung zu schützen.
»Und das«, so Polizeioberrat Hans-Jürgen Felgentreu, »geht mir wirklich quer runter.« – »Die Rechten genossen den Polizeischutz sichtlich ... Die Reden der NPD gingen in Nazi-raus-Rufen und Pfiffen unter ... Die Polizei riegelte die Rechten von den Gegendemonstranten hermetisch ab. Die versuchten immer wieder, über andere Straßen Richtung Markt zu gelangen. Es kam zu heftigen Handgreiflichkeiten.« OB Mädge wird diesen Tag nicht vergessen, es war sein Geburtstag.
Heute früh auf dem Markt traf ich Benno. Er kam gestern mit Babette vom Bahnhof aus Hamburg zurück. Durch die Stadt liefen zahlreiche schwarz gekleidete Jugendliche mit Pflastersteinen in der Hand. Benno hätte die Rechten einfach ihren Stand aufstellen lassen und das Ganze ignoriert. Er überlegt, ob er nach Italien auswandern soll. Im Zeitungsgeschäft haben sie nichts mitgekriegt, obwohl es direkt neben *Karstadt* liegt, weil sie um halb sieben schließen. In der Turmbäckerei in der *Schröderstraße* telefoniert eine Verkäuferin gerade mit jemand und bedauert, dass sie gestern weg musste.
»Immer wenn etwas los ist, muss ich gehen«, meinte sie, »schade.«

Aus: Die Lüneburger Langsamkeit. Nachrichten aus Deutschland (unveröffentlicht).

Hans Rauscher

OFFENE GESELLSCHAFT IN ÖSTERREICH NACH DER »WENDE«

Österreich ist von einer »offenen Gesellschaft« nach wie vor ziemlich weit entfernt. Dieser Befund gilt seit der innenpolitischen »Wende« zu einer Rechts-Rechtsaußen-Koalition aus ÖVP und FPÖ zwar stärker denn je, aber man kann nicht behaupten, dass vorher ein Zustand geherrscht hätte, in dem die wichtigsten Voraussetzungen für eine offene Gesellschaft – ein Klima der freien Debatte, starke Bürgerbeteiligung, Vielfalt der Medien – gegeben waren. Österreich ist durch die schwarz-blaue Koalition auf seinem zögernden Weg zu einer offenen Gesellschaft – oder zu einer lebenskräftigen Zivilgesellschaft – zwar objektiv zurückgeworfen worden, aber es hatte bis dahin ohnehin noch keine sehr große Wegstrecke zurückgelegt.

Dazu kommt eine von Monopolen und Quasi-Monopolen beherrschte Medienstruktur, in der sich eine wirklich offene Debatte nur schwer durchsetzen kann. Andererseits hat gerade die Wende zu Schwarz-Blau erste Ansätze einer »Zivilgesellschaft« hervorgebracht. Unter Zivil- oder Bürgergesellschaft versteht man eine demokratische Gesellschaft, in der sich außerhalb der staatlichen oder großen wirtschaftlichen Strukturen Gruppen von Bürgern organisieren, die ihre Angelegenheiten selbst in die Hand nehmen wollen. Das Entstehen von »Non-Governmental Organizations« (NGOs) ist eines der wichtigen Merkmale für eine funktionierende Zivilgesellschaft, aber auch das Vorhandensein einer reich ge-

gliederten Medienlandschaft, in der eine offene, oft auch provokative Debatte möglich ist.
Das Stichwort lautet jedenfalls »Bürgerbeteiligung« und die zeigt sich in Österreich im Protest gegen die neue Regierung, aber auch gegen das tatsächliche oder vermeintliche Vorherrschen neoliberaler Prinzipien in der Wirtschaft. Die neuen Bewegungen greifen auch zu neuen technischen Medien. Nicht umsonst meinte Kanzler Wolfgang Schüssel, der Protest werde ja von der »Internet-Generation« getragen (er sagte »nur« von der Internet-Generation). Die Diskussionsforen der Online-Ausgaben von Zeitungen und ORF stellen etwa eine Möglichkeit dar, sich unmittelbar zu äußern.
Dennoch sind das erst Ansätze. Das heimische Diskussionsklima ist gekennzeichnet durch ein Paradoxon: der Österreicher (besonders der Wiener) liebt zwar die scharfe Formulierung, den treffenden »Sager«, auch die Provokation – aber eher als Ersatz für eine wirklich tief greifende Debatte, auch als Ersatz für eigenes politisches Engagement. Politische oder gesellschaftspolitische Polemik wird in Österreich zwar von weiten Kreisen geschätzt, aber großteils nicht als Handlungsanleitung begriffen, sondern als Ventil für die eigenen Frustrationen, die man nicht auszuleben wagt.
Hier wirken immer noch die Verhaltensmuster aus der langen Geschichte des österreichischen Obrigkeitsstaates nach: von der Monarchie über die autoritär verfasste Gesellschaft der Ersten Republik, von der Nazizeit bis über die korporatistische Realverfassung der Zweiten Republik. Die Herrschaft der Parteien und Verbände über fast alle Lebensbereiche hatte ihre zeitweise Rechtfertigung und ihre zeitweisen Erfolge in der notwendigen Stabilisierung eines Gemeinwesens, das eine äußerst instabile Geschichte hinter sich hatte. Die heute vielfach geschmähte Sozialpartnerschaft war erstens ein Instrument zur Erzeugung und zweitens zur breiten Verteilung von Wohlstand. Die Arbeitnehmer- und Arbeitgeberverbände teilten mit dem Segen der jeweiligen Regierungen das Wirtschaftswachstum unter ihrer Klientel ziemlich gleichmäßig auf, was eine Gesellschaft von relativ wohlha-

benden Kleinbürgern erzeugte. Gleichzeitig war der größte Bereich der Wirtschaft in der öffentlichen Hand und der öffentliche Sektor machte einen überdurchschnittlich großen Anteil des Arbeitsmarktes aus.
Großes Privatkapital konnte so nicht entstehen, große Karrieren wurden eher im staatsnahen Sektor gesucht. Das aber hatte zur Folge, dass zwei wesentliche Voraussetzungen einer offenen Gesellschaft nicht oder kaum entstehen konnten: große private (Qualitäts-)Medien, in denen fern der Interessen von Parteien und Verbänden offene und kritische Diskussionen stattfinden, und Eliten, die nicht vom Staat (und indirekt damit von den Parteien, die die staatsnahe Wirtschaft und die Hochbürokratie beherrschen) abhängig sind und daher als Leser, aber auch als Inserenten ein Interesse an einer freien, unbeeinflussten Diskussion haben.
Internationale Qualitätszeitungen wie »New York Times«, »Washington Post«, »Neue Zürcher«, »Le Monde«, »Süddeutsche«, »Frankfurter Allgemeine«, »La Repúbblica« usw., aber auch die entsprechenden Nachrichtenmagazine befinden sich in privater Hand (einige sind sogar börsennotiert). Selbstverständlich haben auch diese Eigentümer Interessen (unter anderem die, kein Geld zu verlieren) und selbstverständlich gibt es mehr als genug private Medieneigentümer wie Rupert Murdoch oder Silvio Berlusconi, die massiv und skrupellos ihre geschäftlichen und politischen Interessen verfolgen. Aber in der Mehrzahl haben die privaten Eigentümer doch begriffen, dass Qualitätsmedien eine gewisse Unabhängigkeit haben – und vermitteln müssen, um erfolgreich zu sein.
Nun existieren in Österreich selbstverständlich ebenfalls Qualitätsmedien auf dem Tageszeitungs- und Magazinsektor. Nur wenige sind allerdings wirklich in rein privater Hand. Und wenn sie immer wieder zu kämpfen haben, dann hängt das auch mit dem Mangel einer breit gefächerten Privatwirtschaft zusammen, die die Leser und die Inserenten für eine blühende Qualitätsmedienlandschaft liefert.
Sogar den weltweit einmaligen Erfolg der Kronen Zeitung –

nun wirklich kein Qualitätsmedium – kann man (außer mit der beunruhigenden Genialität von Hans Dichand) mit der speziellen österreichischen Struktur erklären: die »Krone« ist ein Kleinbürger-Medium, so wie die österreichische Gesellschaft eine Kleinbürgergesellschaft ist. Es ist ihr aber gelungen, sich den wütenden, gleichzeitig aber im Untertanengeist verharrenden Kleinbürgern als (scheinbares) Protestmedium darzustellen. Die »Krone« ist so groß und übermächtig (43 Prozent Reichweite ist Weltrekord), weil sie das Bedürfnis des österreichischen Kleinbürgers nach Empörung ohne Konsequenzen ideal erfüllt. Gleichzeitig deckt die »Krone« mit ihrer schieren Größe einen so großen Teil der heimischen Gesellschaft ab und versucht mit ihren Kampagnen so relativ erfolgreich zu dekretieren, was in Österreich gesprochen, gedacht und diskutiert werden darf, sodass ihre bloße Existenz eine der größten Hindernisse für eine freie Diskussionskultur im Lande ist.
Die »Krone« befindet sich allerdings in einer prekären Situation. Bei ungebrochenem kommerziellen Erfolg werden Zweifel an ihrer tatsächlichen Macht immer lauter, die Führungsspitze wird irgendwann einmal aus Altersgründen vollständig abtreten und dann wird sich zeigen, ob der Erfolg nicht doch an die Einzelpersönlichkeit Dichand gebunden war.

Davon unabhängig muss aber überlegt werden, wie die Bewegung in Richtung einer offenen Gesellschaft weiter verstärkt werden kann – und zwar gegen die objektiven Rückschläge, die Schwarz-Blau mit sich bringt. Es ist offenkundig, dass diese Koalition ein autoritäres Modell der Öffentlichkeit bevorzugt. Die treibende Kraft ist dabei die FPÖ, die eine populistisch-autoritäre Gesellschaft wünscht und auf diesem Weg auch schon einiges vorangebracht hat. Zwar wurde etwa die Klagsflut gegen Haider-Kritiker, verantwortet vom nunmehrigen Justizminister Böhmdorfer, von den betroffenen Medien einigermaßen erfolgreich abgewehrt; zwar sind die antidemokratischen Phantasien von Jörg Haider (»strafrechtliche

Verfolgung von Oppositionspolitikern«) nicht verwirklicht worden; aber eine Strafbestimmung, die die Arbeit investigativer Journalisten fast unmöglich machen würde, ist noch immer in Diskussion und der Polizeispitzel-Skandal wurde vom Justizministerium wegadministriert. Die ÖVP sieht diesen Tendenzen zu einem repressiven Regime einerseits zu und konzentriert ihre Bemühungen andererseits darauf, den ORF in die Hand zu bekommen oder einzuschüchtern.

Vor diesem Hintergrund geht es zunächst einmal darum, die traditionellen Elemente einer Zivilgesellschaft in Österreich zu stärken beziehungsweise erst zu schaffen. In entwickelteren Demokratien gibt es etwa eine Vielzahl von – unabhängigen! – Stiftungen und Think Tanks, die einfach durch ihre Produktion von Ideen, Debattenbeiträgen und Forschungsarbeiten zu einem offeneren Diskussionsklima beitragen. Der Einwand, mit Ausnahme von ein paar Qualitätszeitungen und -magazinen mit relativ kleiner Auflage gäbe es dafür keine Veröffentlichungsmöglichkeiten, zieht nicht. Ein entsprechendes Angebot schafft sich seinen Markt – außerdem würde es schon genügen, das Diskussionsniveau unter den heimischen Eliten zu heben: wer etwa die Leserbriefseiten mancher Qualitätszeitungen ansieht, kann über das argumentative Niveau mancher Universitätsprofessoren, Wirtschaftsfunktionäre und hoher Beamter nur staunen.

Es wäre auch für die gerade in die Ecke gedrängten Arbeitnehmerorganisationen wie ÖGB und/oder Arbeiterkammer einer Überlegung wert, ob sie nicht ihre publizistischen »Outlets« dringend modernisieren müssten. Die Gewerkschaften sind in der Defensive: einerseits durch die Vorherrschaft neoliberaler Gedanken, andererseits aber durch die Fehler der eigenen Funktionäre. Die missglückte Öffentlichkeitsarbeit im Zusammenhang mit der Diskussion über die Gehaltserhöhungen führender Postgewerkschafter hat auch ihre Ursachen darin, dass heutige Gewerkschafter nicht gewohnt sind, mit den Medien und der Öffentlichkeit umzugehen; dass sie die Welt da draußen noch nicht richtig zur Kenntnis genommen haben: hier zählt nicht »Geschlossen-

heit«, die ja in Wirklichkeit eine Abgeschlossenheit ist, sondern das Wissen um die Mechanismen der Mediengesellschaft und um die internationalen Entwicklungen.
Österreichs hindernisreicher Weg zu einer offenen Gesellschaft ist also einerseits gekennzeichnet von einer Wende ins Autoritäre, zu einer Unterdrückung der zivilgesellschaftlichen Ansätze (auch die Weitergabe von rechtlich irrelevanten und sachlich fragwürdigen »Polizei-Vormerkungen« über die jungen Leute von der »Volxtheater Karawane« an die italienische Polizei kann als Versuch gewertet werden, zivilgesellschaftliche Erscheinungen zu kriminalisieren). Andererseits müssen nicht nur spontane Demo-Gruppen, sondern auch alle anderen, denen am Aufbau einer »offenen Gesellschaft« liegt, dringend überlegen, wie sie sich neue Formen der Öffentlichkeit erobern.

Eva Rossmann

JENSEITS DER ABSOLUTEN WAHRHEIT VOR DER TÜR DES AMBULATORIUMS

Vor einem Ambulatorium zur Schwangerschaftsunterbrechung. Menschen beten den Rosenkranz. Es sind mindestens fünfzig, drei Frauen knien auf dem Asphalt, ihre Stimmen sind hoch und laut und fordernd. Erbarme dich unser.

Frauen halten Transparente. »Selbstbestimmung für alle Frauen« ist auf einem zu lesen. »Keine Kriminalisierung!« auf einem anderen. Ich bin wieder einmal etwas spät dran und eile auf sie zu. Zu dieser Gruppe gehöre ich. Sie ist noch immer klein. Mit mir sind wir zwölf.

Am Rand des Schauplatzes: Einige Polizistinnen und Polizisten. Zumindest nach außen unbeteiligt, wie es ihr Amt befiehlt.

Die andere Seite stimmt einen Choral an. Nicht alle singen mit. Mich überkommt eine eigenartige Mischung an Gefühlen: Mitleid und Wut und auch Hilflosigkeit. Was soll man ausrichten gegen so viel Glauben? Wie mit rationalen Argumenten durchdringen? Wie gar emotional überzeugen, dass sie auf einem falschen Trip sind?

Wer will in unserem Land schon etwas gegen betende Menschen sagen, geschweige denn tun? Und wenn ich da stehe und für die Straffreiheit der Abtreibung eintrete, haben sie dann nicht auch dasselbe Recht, sich gegen die Straffreiheit zu wenden? »Selbstbestimmung« haben wir auf unsere Fahne geschrieben. Die hat für alle zu gelten, auch für diese so genannten »Lebensschützer«, oder?

Zwei Frauen um die dreißig versuchen möglichst unbemerkt entlang der Hausmauer durchzukommen, doch es bleibt ihnen nichts anderes übrig, als sich an einigen der Betenden vorbei zu drängen. Man hat sie entdeckt. Die Blicke sind jetzt nicht mehr in die Ferne gerichtet. Sie heften sich auf die beiden. Eine der Knienden erhebt sich, ergreift die Jüngere der beiden am Oberarm. Ich bin zu weit weg, als dass ich hören könnte, was sie sagt. Ihr Gesicht berührt das der Angegriffenen fast. »Wir müssen sie raushauen«, sagt eine aus unserem Häufchen. Das klingt mir nach Landsertum, nach Schlacht und all dem, was wir als wahre Feministinnen sonst nicht so schätzen an der von Männern inszenierten Welt. Aber natürlich ist Hilfe angesagt. Inzwischen hat sich ein bedrohlich enger Kreis an Lebensschützerinnen um die beiden Frauen geschlossen. Wir rücken näher. Die Polizei rückt näher. »Lasst uns in Ruhe«, brüllt die ältere der beiden Frauen dann, »hört auf mit dem Mist! Wir wollen nur durch und einkaufen gehen!« Gemurmel erhebt sich. Man hat sich die falschen Opfer zur Errettung gegriffen. Die da sind nicht zu retten, sondern bloß auf Shopping-Tour.

Die Reihen auf beiden Seiten werden wieder lockerer, ein Teil der Anspannung aber bleibt.

Wo beginnt Gewalt? Dort, wo zugeschlagen wird? Dort, wo wie in den USA Ärztinnen und Ärzte ermordet worden sind? Was, wenn es sich bei den beiden wirklich um Frauen gehandelt hätte, die in das Ambulatorium wollten? Körperliche Gewalt ist nur die sichtbarste und am leichtesten kategorisierbare Form von Gewalt. Hätten die »Lebensschützer« die Frauen letztlich daran gehindert, sie daran hindern können, das Ambulatorium zu betreten? Jedenfalls haben sie versucht die beiden einzuschüchtern, sie davon abzubringen, hineinzugehen. Und das nicht mit einem Gespräch unter gleichberechtigten Partnerinnen, sondern – wie man so schön sagt – mit einigem Nachdruck. Ich bin für Gewaltfreiheit. Aber was ist, wenn die Gegenseite Gewalt ausübt, wenn sie Menschen an freier Entscheidung, an Selbstbestimmung hindert? Was ist, wenn sie ohnehin immer wieder unter Beweis gestellt

hat, dass sie Argumenten nicht zugänglich ist? Gegengewalt als Antwort, um andere vor den vielfältigen Formen der Gewalt, der Übergriffe, der Freiheitsberaubung zu schützen? Und was kann das letztlich ändern? Ich weiß keine Antwort darauf, zumindest nicht hier und heute. Denn wer könnte darüber entscheiden, wie viel Gegengewalt nötig, wie viel Gegengewalt zulässig ist? Wir? Ein, zwei Anführerinnen? Eine abgehobene Ordnungsmacht?
Apropos Ordnungsmacht: Es ist die ehemalige Anwaltskanzlei unseres Justizministers, jene, die noch immer seinen Namen im Briefkopf trägt, die versucht, das Ambulatorium mit legalen Mitteln räumen zu lassen. Wohlhabende »Lebensschützer« haben das Gebäude gekauft. Verfahren laufen, den Mietvertrag des Ambulatoriums zu kündigen. Unser Justizminister selbst hat damit nichts zu tun. Natürlich nicht. Aber alle Richterinnen, alle Staatsanwältinnen und all die anderen am Verfahren Beteiligten werden den Briefkopf mit seinem Namen sehen. Und vielleicht wird sich die eine oder der andere ausrechnen, es könnte sich lohnen, auf der Seite des Justizministers zu stehen. Zumindest indirekt.

Inzwischen sind einige der »Lebensschützer« zu unserem Trüppchen gekommen und versuchen ihr Heil bei uns, versuchen uns – um es aus ihrer Perspektive zu sehen – ihr Heil zu bringen. Einer von ihnen, ein blasser dünner Mann in braunem Anzug und mit Schweißtropfen auf der Lippe, greift mir auf die Schulter. Ich schüttle ihn ab, wütend, muss mich beherrschen, ihm nicht einen Stoß zu verpassen. Keine Eskalation. Aber die Sache mit der Gewalt sieht eben anders aus, wenn man selbst damit konfrontiert wird. Er redet etwas vom »göttlichen Leben« und meine Mischung aus Widerwillen, Mitleid und Wut steigert sich so, dass mir beinahe schlecht wird. Ich schlucke. Ich argumentiere mit dem Recht auf freie Entscheidung. Es geht um die Freiheit, selbst zu entscheiden, nicht darum, wer sich wie entscheidet. Wir würden keine von ihnen zur Abtreibung zwingen, sie aber würden versuchen, uns ihren Glauben aufzuzwingen, würden versuchen,

Frauen an ihrem Recht auf Selbstbestimmung zu hindern. Er redet einfach weiter. Er drückt mir das Foto eines Fötus in die Hand. »Die das tun, sind des Teufels«, sagt er und murmelt dann noch einmal »des Teufels«. »Das Mittelalter ist Gott sei Dank vorbei«, antworte ich und ärgere mich über die Floskel »Gott sei Dank«. Welchem Gott danke ich da? Dem, auf den sich diese »Lebensschützer« berufen? Aber auch ich bin eben sozialisiert worden. In Österreich.
Der blasse Mann wendet sich nun einer unserer Transparentträgerinnen zu. Sie hat nur eine Hand frei und kann sich nicht so leicht wehren. Ich sehe mich nach der Polizei um. Die tut weiterhin unbeteiligt. Wäre sie auch so unbeteiligt geblieben, wenn einige von uns zu den Betenden gegangen wären, sie angetatscht hätten, sie »mit Nachdruck« auf das Recht der Straffreiheit der Schwangerschaftsunterbrechung hinweisen hätten wollen? Wohl kaum. Wer betet, ist eben bei uns – zumindest moralisch – noch immer im Vorteil.
Dabei tun wir nichts anderes, als uns für gültiges Recht auf die Straße zu stellen. Wo sind die vielen, die sonst immer auf den Rechtsstaat pochen? Setzen sie alle darauf, dass in gewissen Fragen noch immer Glaube vor Wissen kommt? Denn darauf läuft es ja hier hinaus: Der exakte Beginn menschlichen Lebens ist nicht wissenschaftlich definierbar. Jene, die ihn mit der Entstehung eines neuen Lebewesens, also der Verschmelzung von Ei- und Samenzelle ansetzen, müssen sich sagen lassen, dass sie dann wohl alles Leben gleich rigoros schützen müssten. Auch das Leben von Kälbern, Ferkeln oder Fruchtfliegen. Menschliches Leben sei eben etwas anderes, etwas Besonderes, wird behauptet. Etwas, woran wir Menschen nur allzu gerne glauben. Aber ist es deswegen schon wahr? Wir haben es hier wieder einmal mit Formen des Glaubens zu tun, nicht mit Wissen. Und ein solcher Glaube soll allen anderen aufgezwungen werden können?

Jede Gesellschaft braucht Regeln und Normen, Anarchie stützt letztlich nur die Willkür der Stärksten. Aber die Regeln und Normen einer Gesellschaft, deren Ziel die maximale Selbstbestimmung der und des Einzelnen ist, kann ihre Werte nicht auf den Glauben einer Gruppe gründen. Sie muss dafür sorgen, dass alle ihren Glauben leben können, und hat darauf zu achten, dass niemandem ein Glaube aufgezwungen wird. Keiner Frau kann und soll es abgenommen werden, zu entscheiden, ob sie ein Kind bekommen will oder nicht. Glaubt sie an das, was die römisch-katholische Amtskirche als Glauben vorschreibt, so wird sie ihr Kind wohl bekommen. Aber andere müssen das Recht haben, sich anders zu entscheiden.

Wie bezeichnend, dass rigide Glaubensüberzeugungen, dass also Fundamentalismus von unserer Öffentlichkeit ganz anders wahrgenommen wird, wenn es um die römisch-katholische Kirche oder wenn es um die islamische Glaubensgemeinschaft geht. In Letzterer gelten »Fundamentalisten« als Bedrohung, da wird viel von der zu verurteilenden Einschränkung der Freiheit des Individuums geredet. Bei Ersterer wird Fundamentalismus zumindest geduldet, immer häufiger aber auch als Rückbesinnung auf die »wahren Werte« politisch gefördert.

Ich stelle mir vor, dass hier vor dem Ambulatorium nicht katholische »Lebensschützer«, sondern islamische Fundamentalistinnen und Fundamentalisten gegen Schwangerschaftsabbruch protestieren. Zuerst einmal wäre da mehr Polizei gewesen. Außerdem wären wir Gegendemonstrantinnen – und die vielen, die sich zwar mit uns solidarisch erklären, aber nie Zeit zu haben scheinen, das auch zu zeigen – irritiert gewesen. Die patriarchale römisch-katholische Amtskirche mit ihrer Frauenfeindlichkeit, der strikten Ablehnung von Selbstbestimmung und der Relativierung demokratischer Entscheidungsprozesse ist eben ein viel klareres Feindbild als die ... ja, als es die patriarchalen islamischen Amtskirchen mit ihrer Frauenfeindlichkeit, der strikten Ablehnung von Selbstbestimmung und der Relativierung demokratischer Entscheidungsprozesse sind. Sie ist nämlich »unsere«, einheimisch, hausgemacht. Und wer sich gegen die andere

wendet, könnte schnell Applaus von den falschen, den xenophoben Gruppen bekommen.
Jedenfalls: Islamische Abtreibungsgegner würden für große Empörung »der Öffentlichkeit« sorgen: Ein kleinformatiges Blatt würde in großen Lettern davor warnen, dass hier ausländische Fundamentalisten gegen österreichische Gesetze hetzen. In einem großformatigen Organ zur Errettung des Abendlandes würde der Chefredakteur persönlich und in bekannter Präzision zu bedenken geben, dass sich der Islamismus nun schon anmaße, das zu tun, was nun eindeutig Sache einheimischer Kräfte sei, und der ORF würde – eingedenk seines Informations- und Bildungsauftrages – eine dreiteilige Serie über islamische Religionskriege senden.
Aber hier stehen »unsere« »Lebensschützer«. Wer steht eigentlich hinter ihnen? Könnte man mit ihnen diskutieren, gerne würde ich ihnen sagen, dass sie missbraucht werden. Das spricht sie nicht frei davon, anderen ihre Überzeugung aufdrängen zu wollen, es erklärt aber vielleicht mein Mitleid, das ich neben all der Wut und der Ohnmacht fühle, wenn ich mit ihnen konfrontiert bin.
Sie haben nach einem Halt im Leben gesucht und den Glauben gefunden. Jetzt sagt ihnen jemand, was sie zu glauben und was sie zu tun haben. Und man sagt ihnen, da es sich um Glauben handle, sei es verwerflich, auch nur zu zweifeln. Also zweifeln sie nicht und lassen sich damit eine der zentralen Freiheiten nehmen: Regeln, Normen und Vorgaben in Frage zu stellen.
Sie werden missbraucht aber auch von Menschen, denen es um weltanschauliche Ziele weit über die Religion hinaus geht. Das macht auch die Allianz der ehemaligen Kanzlei des Justizministers mit den »Lebensschützern« verständlich: seine Gesinnungsgemeinschaft steht für eine Bevölkerungspolitik, in der deutschsprachiger, österreichischer Nachwuchs eine zentrale Rolle spielt. Wer abtreibt, schädigt demnach die Zukunft des Volkes. Frauen haben sich dem Kinderkriegen und der Kinderbetreuung zu widmen. Zur Sicherung der Zukunft des Volkes. In Zeiten wie diesen wird das

freilich so direkt nur von konservativen Kirchenmännern ausgesprochen. Die Regierung versucht ihre Art der Bevölkerungspolitik weit netter zu verkaufen. Da wird nur hin und wieder quasi ganz nebenbei die Straffreiheit der Abtreibung in Zweifel gezogen. Da verkündet der Kanzler, Österreich zum »familienfreundlichsten Land Europas« machen zu wollen. Da wird davor gewarnt, dass zu wenige Kinder geboren werden, dass es einen Mangel an Arbeitskräften geben werde, dass niemand da sein werde, um unsere Pensionen zu bezahlen. Also verspricht man Frauen Geld, wenn sie Kinder bekommen. Nicht so viel Geld, dass sie davon eigenständig leben können, aber genug, um ihren Männern ein Argument zu geben, sie zu drängen, lieber daheim zu bleiben als außer Haus arbeiten zu gehen. Das ist bequemer. Zumindest für viele Männer und für alle, die wollen, dass gesellschaftspolitisch alles beim Alten bleibt.

Durchsichtig wird diese Art der als Familienpolitik getarnten Bevölkerungspolitik dann, wenn man sich den Umgang mit Familien und mit dem Nachwuchs ansieht, der nicht österreichischen Ursprungs ist. Da will das »familienfreundlichste Land Europas« den Nachzug der Familien von ausländischen Arbeitskräften gegen null senken. Da achtet man beim Kindergeld darauf, Ausländerinnen weit schlechter zu behandeln als Inländerinnen. Dass es bei dieser Art von Bevölkerungspolitik letztlich um völkische Politik geht, wird klar. Allen wird eine Rolle und ein Platz zugewiesen. Wir sind da, ihr habt dort zu bleiben und Frauen sind dazu da, um Kinder zu kriegen, und nicht, um sie abtreiben zu lassen.

Wer solche Regeln vorgibt oder zumindest versucht, so mächtig zu werden, um sie vorgeben zu können, ist dabei ebenso interessant wie die Frage, warum Menschen politische Konzepte unterstützen, die ihnen Freiheiten nehmen.

Ich lasse meinen Blick über die »Lebensschützer« schweifen. Ich kenne sie nicht, aber mir scheint doch, als sei ihre Motivation ähnlich der vieler FPÖ-Anhänger. Man fühlt sich zu kurz gekommen, übergangen, man sucht etwas oder jemanden, der sagt, wo es langgeht. Man möchte nie mehr allein gelassen sein und trotzdem den Eindruck vermittelt bekommen, eine wichtige Rolle zu spielen. Man möchte sich endlich einmal im Recht fühlen und sich nichts mehr gefallen lassen. Und die anderen? Sind eben Ungläubige, Ketzerinnen, Volksverräter oder Randaliererinnen und damit selbst schuld, wenn sie bestraft werden – je nach dem – von irdischen oder überirdischen Mächten.

Doch letztlich gibt es weit weniger Fanatiker als solche, die sie, desinteressiert an allem, gewähren lassen. Das Desinteresse der vielen ist geradezu ein Grundpfeiler autoritärer Gesellschaften. Würden wir schon in der Schule lernen, dass Politik nicht ein unbegreifliches Übel ist, gegen das man nicht an kann und das von einzelnen, unsympathischen, privilegierten Menschen ausgeübt wird, sondern dass Politik nichts anderes bedeutet als die Grundlagen unseres Zusammenlebens zu bestimmen, viele hätten mehr Interesse daran. Wäre die Arbeitswelt nicht derart hierarchisch organisiert, dass der Chef eben immer Recht hat – und sei es auch bloß ein ganz kleines Chefchen mit ein ganz klein wenig mehr Macht –, viele würden sich eher getrauen, autoritäre Vorgaben in Zweifel zu ziehen. Würden Medien so informieren, dass Menschen zwischen der Berichterstattung und ihrem Leben einen Zusammenhang herstellen können, viele wüssten eher, was vorgeht.

Es ist eben etwas anderes, ob irgendwo unter dem Foto von betenden »Lebensschützern« zu lesen ist: »Diese Menschen beten darum, dass jedes Leben geschützt wird«, oder ob dort steht: »Diese Menschen verlangen, dass Frauen nicht selbst entscheiden dürfen, ob sie ein Kind bekommen wollen.«

Inzwischen ist es Mittag geworden. Die Demonstrationen neigen sich dem Ende zu. Die ersten »Lebensschützer« packen ihren Rosenkranz ein und gehen, werden nur einige Schritte später wieder Teil der undifferenzierten Menschenmasse, die an diesem schönen Tag durch die Wiener Innenstadt eilt.

Wir rollen unsere Transparente ein, »Selbstbe« ist auf dem

einen gerade noch zu lesen, als es Aufregung gibt. Wieder eine Frau, beinahe hätte man sie übersehen. Es ist keine junge Frau mehr, sie geht schon auf die vierzig zu. Aber sie strebt zielgerichtet zur Tür des Ambulatoriums. Gerade noch im letzten Moment wird sie am Ärmel gepackt, man drängt sich vor sie, man redet im Chor auf sie ein. Von Gott und Leben und Sünde ist zu hören. Schneller, als wir dort sind, hat sie sich losgerissen, die Eingangstür geht auf und sie ist verschwunden. Die Tür ist wieder zu. Zwei Frauen fallen auf die Knie, eine, sie kann nicht älter als zwanzig sein, beginnt zu weinen. Der Mann im braunen Anzug sieht auf die Uhr. »Jetzt wird wohl keine mehr kommen«, sagt er und seine Stimme klingt im Kontrast zu den klagenden Frauen sehr geschäftsmäßig. Die Knienden sehen irritiert auf. Der Mann macht eine Geste, die beiden erheben sich, die junge fingert nach einem Taschentuch.

Die Frau, die gegen Mittag gekommen ist, so erfahre ich dann, hat bereits zwei Kinder. Die Ehe ist in die Brüche gegangen, auch Gewalt soll mit im Spiel gewesen sein. Sie hat keine Chance gesehen, auch noch für ein drittes Kind zu sorgen. Solche und ähnliche Fälle sind häufiger, als man denkt, erzählt eine Mitarbeiterin des Ambulatoriums.

Ökonomische Abhängigkeit, eine andere Säule autoritärer oder autoritativer Systeme. Wer selbstständig nicht überleben kann, muss sich meistens fügen. Ginge es den »Lebensschützern« und vor allem jenen, die hinter ihnen damit Politik machen, um die Vermeidung von Abtreibungen, dann müssten sie sich für die Sicherung der eigenständigen finanziellen (Über-)Lebensbasis aller Frauen einsetzen und dafür, dass bezahlte und unbezahlte Arbeit endlich gerechter verteilt werden. Almosen für in Not geratene junge Mütter ändern nichts daran, dass Frauen, solange ihnen als erste Rolle nicht nur die biologische der Gebärerin, sondern, als würde sich das notwendigerweise daraus ableiten lassen, auch jene der Betreuerin zugewiesen wird, sehr häufig finanziell abhängig sind: Von ihrem Mann oder ersatzweise vom Staat.

Ökonomische Abhängigkeit hat freilich viele Facetten und

sie trifft natürlich nicht nur Frauen. Auch die Angst vor dem Verlust des Arbeitsplatzes macht gefügig und anfällig für plakative Heilsbotschaften. Ein Wirtschaftssystem, das unter dem Vorwand, »frei« zu sein, zu immer größeren Konzernen führt, zu immer irrationaleren Finanzierungsmethoden greift, das immer öfter Arbeitsplätze zu Jobs degradiert und Arbeitskräfte zum abstrakten Produktionsfaktor, trägt dazu bei.

Als ich durch die Kärntnerstraße gehe, frage ich mich, warum ich so ungern zu Gegendemonstrationen gehe, auch wenn ich von ihrem Sinn und der dahinter stehenden Botschaft überzeugt bin. Mag sein, dass ich einfach feige bin und mich vor physischen Auseinandersetzungen fürchte. Mag sein, dass ich mich auch davor fürchte, irgendwann einmal die Kontrolle zu verlieren und entgegen all meiner Prinzipien zuzuschlagen. Vielleicht aber hat es auch damit zu tun, dass es viel schwerer ist, Werte zu verteidigen, die es immer wieder zu hinterfragen gilt. Das nämlich ist zumindest meine Sicht der offenen Gesellschaft: Es geht darum, ein Maximum an Selbstbestimmung für alle zu erreichen. Auch dafür bedarf es gewisser Regeln, solcher nämlich, die dafür sorgen, dass nicht unter dem Vorwand der grenzenlosen Freiheit für alle letztlich Schwächere unterworfen, Kleinere erdrückt und solche zu Siegern werden, die allen anderen ihr Weltbild aufzwingen wollen. Ganz konkrete öffentliche Rahmenbedingungen haben dafür zu sorgen, dass das Recht auf Selbstbestimmung für viele nicht bloß Theorie bleibt: Rahmenbedingungen, die Benachteiligungen durch Herkunft und Geschlecht ausgleichen helfen. Gleichen Zugang zu Bildung für alle, zu bezahlter Arbeit, die den persönlichen Fähigkeiten entspricht und von der man eigenständig leben kann, zu Pflege- und Gesundheitseinrichtungen, aber auch zu leistbaren Wohnungen. Sicherung durch ein Sozialsystem, das sich tatsächlich an den Schwächeren der Gesellschaft orientiert und ihnen Rechte, nicht Almosen gibt. Darüber hinaus gäbe es noch eine ganze Menge zu wünschen: Medien, die tatsächlich informieren. Ein Schulsystem, das es nicht mehr einzelnen engagierten Lehrerinnen und Lehrern überlässt, junge Menschen statt zu Untertanen zu selbstständig denkenden und handelnden Individuen zu erziehen. Menschen, die begreifen, dass Individualität und Solidarität keine Gegensätze sind, sondern einander bedingen. Dass »Offene Gesellschaft« nicht nur propagiert, sondern auch individuell gelebt werden muss. Aber das alles ist eben viel komplexer als einen Glaubenssatz nachzubeten.

Wie eine Gesellschaft mit der Straffreiheit der Abtreibung umgeht, sagt einiges über ihren Grad an Freiheit oder ihre autoritären Züge aus. Und: Zum – notwendigen – Selbstbestimmungsrecht der Frauen gehört mehr als bloßes Gewährenlassen. Fundis haben es leichter. Denen hat jemand gesagt, was die absolute Wahrheit ist, und jetzt geht es darum, sie durchzusetzen. Schwerer ist es, die absolute Wahrheit nicht zu kennen, auch gar keine zu vermuten und dennoch davon überzeugt zu sein, dass es sich für die maximale Freiheit aller einzutreten lohnt.

Ich denke an die Frau, die sich losgerissen hat und im Eingang des Ambulatoriums verschwunden ist. Ich sehe noch den bleichen, braun gekleideten Mann vor mir, fühle den Druck seiner Hand auf meiner Schulter. Vielleicht wäre es meine Pflicht, in die Politik zu gehen und dort für Veränderungen zu kämpfen, murmle ich, als ich in die U-Bahn steige. Nein, ich werde darüber schreiben. Das muss reichen. Ob es reicht? Was soll's, es ist meine Entscheidung und die Freiheit nehme ich mir.

Werner Schneyder

DAS 10.-OKTOBER-TRAUMA

Ein ehemaliger Slogan der Kärntner Fremdenverkehrswerbung lautete: *Kärnten, wo der Süden am nächsten ist.* Eine exakte Feststellung. Das schlechte Wetter aus Richtung Atlantik bleibt in den Tauern hängen, der blaue Adriahimmel trübt sich selten. Und wenn, nur selbst.

Der Süden ist am nächsten. Mit ihm die Staaten des geborstenen Jugoslawien: Serbien, das die bekannte Rolle vor dem Untergang der k. u. k. Monarchie spielte; Kroatien, Bezugspunkt nie ganz verblichenen Klerikalfaschismus; und vor allem das angrenzende Slowenien, Symbol für den längst zu vergessenden Versuch, Kärnten nicht *frei und ungeteilt* zu belassen, von einer Partei immer noch verdächtigter Stellvertreter für den dereinst im Kärntner Abwehrkampf heldenhaft niedergestimmten Panslawismus.

Auch im Kanaltal, dessen Schlachtfelder die Großväter noch rühmend zu beschreiben wussten, ist der Süden nah. Er reicht bis Triest, das eben einmal *uns* gehört hat und bedauerlicher – und gar nicht so recht erklärbarerweise – nicht mehr gehört.

Der Süden ist hier am nächsten und mit ihm die für heute lebende Normalbürger oft nicht leicht zu bewältigende Geschichte.

Ich, im zweiten Lebensjahr Kärntner geworden, fühle mich hier beheimatet, habe aber Respekt vor meiner genetischen Nicht-Identität. Spreche also nicht im Sinne von Wir Kärntner!, sondern in liebevoller Geborgenheit von den Kärntnern. Im Gegensatz dazu tut der mit 26 Jahren zugezogene, eingeerbte Holzhändler Haider immer so, als wäre er gleich hinter dem Herzogstuhl von einem Eisenkappler Mesner und einer Geschichte studierenden Saualm-Sennerin gezeugt worden.

Ich habe das Kärntner Klima zu spüren gelernt, als wir in der fünften Klasse des Realgymnasiums Französisch oder Italienisch nur als »Freigegenstand« angeboten, Slowenisch aber als Pflichtfach vorgeschrieben bekamen. Die Debatten unter den Schülern, die zuhause, die mit den Lehrern, machten damals klar, dass dieses Land eine traumatische Basis hat und nur, und das auch nur langfristig, durch Vernunft und guten Willen zu befrieden ist. Da die weiblichen und männlichen Kärntner, das sei jetzt einmal ganz frech behauptet, schon aufgrund ihrer – wohlgemerkt: vice versa – »Umvolkung« (das Schreckwort für einen nordischen Oberideologen) witzige, sensible und besonders musische Menschen sind, war ihnen das arrogante Nichtbegreifen ihrer Situation im einst fernen Wien zum Gegenstand großen Zorns geworden. Dieser Zorn hat sich im Laufe der Geschichte zu einem recht blöden Wien-Komplex verdickt, den zu überwinden es hoch an der Zeit ist. Zumal in einer Phase der Entprovinzialisierung der Provinzen die Gründe dafür heute einfach nicht mehr gegeben sind. Da muss es einem Heilsbringer wie Haider vorbehalten bleiben, diesen dumpfen »Die da draußen in Wien«-Emotionsmüll zu funktionalisieren. Man kann den Kärntnern nur raten, den Erfinder einer neuen Republik bei seiner Komplexbewältigung nicht zu unterstützen und dies als eine zeitgemäße Variante des Kärntner Abwehrkampfes zu begreifen.

Einstweilen wird der Kärntner Abwehrkampf aber mit zyklischen 10.-Oktober-Feiern fortgeschrieben. Das war der Abstimmungstag über die Zukunft Kärntens, dessen Ergebnis keine nachbarschaftliche Normalität herstellte und nach Wunsch und Willen hauptberuflicher »Deutschkärntner« auch nicht herstellen soll. Sie benützen die Jubiläen dieses Datums immer wieder zu neuen Siegesposen. Als wieder ein runder Feiertag anstand, hielt ich vor einem kritischen Auditorium eine »Rede an den Kongress zur Förderung der Begehung historischer Gedenktage« (Anm.: Die in der Rede erwähnte Frau Trattnig ist als politische Amme Jörg Haiders in die österreichische Geschichte eingegangen.)

Sehr geehrter Herr Präsident, sehr geehrte Kongressdelegierte, verehrte Damen und Herren!

Es ist mir eine große Ehre, zum 70. Jahrestag vom »Kongress zur Förderung der Begehung historischer Gedenktage« eingeladen worden zu sein, um über einen der wohl interessantesten Feiertage des aufgeklärten Heimat- und Politikverständnisses sprechen zu dürfen: den 10. Oktober. Den 10. Oktober im weit über die Grenzen seiner engeren Heimat hinaus bekannten Bundesland der Republik Österreich, Kärnten. Dieses Gebiet in Österreichs Süden, aber eigentlich in dessen Herzen, sofern dieses deutsch schlägt, wird bewohnt von zwei Volksgruppen, die sich im Wesentlichen dadurch unterscheiden, dass die eine das Volk ist und die andere eine Gruppe. Zwischen dem Volk und der Gruppe herrschen traditionelle Meinungsverschiedenheiten darüber, ob es nicht eine Zeit gegeben haben mag, da das Volk eine Gruppe und die Gruppe das Volk war. Derartige Fragen sind Allgemein-Historikern grundsätzlich, schon im Hinblick auf die Sicherung ihrer Arbeitsplätze, nicht unbedeutend. Daher liegen im »Institut für Kärntner Vergangenheitserhellung« über dreitausend tief schürfende Arbeiten, die jeweils nachweisen, dass vor den Awaren auch schon jemand da war und vor den Illyrern auch. Eine zur Zeit aus öffentlichen Mitteln geförderte neue Studie befasst sich mit dem ersten Jahrzehnt des zweiten Jahrtausends vor Christus. Geplant für das Jahr 2010 ist ein Seminar: »Die Population des carinthischen Raums im Trias«. Diese Erhellungen sind wichtig, weil – wie es unsere Ehrenpräsidentin, die Heimatprofessorin Kriemhild Trattnig so unwiederholbar genau formuliert hat –, »alles, was in unserer Zeit, vor allem im mitteleuropäischen Raum, vorhanden ist, das Ergebnis einer langen geschichtlichen

Entwicklung darstellt«. Eine historische Frage, die zu der Vorgeschichte der Konflikte um den 10. Oktober führen, lautet also: Wer war zuerst da? Die Slawen oder die Germanen? Diese Frage, auch im Sinne einer unproduktiven Objektivität schon nicht ganz leicht zu beantworten, muss – wie schon angedeutet – durch die Frage: ab wann? ergänzt werden, wodurch historischer Forschungsraum entsteht. Wir als Förderer von politischen Gedenktagen müssen diesen Forderungen aber vorgreifen. Wir haben daher die Frage des »ab wann?« so beantwortet, dass die Beantwortung der Frage: wer zuerst? zur wissenschaftlichen Formsache wurde. Ab einem gewissen Zeitpunkt waren die Deutschen unbestritten zuerst da. Ich will nicht leugnen, dass es ähnliche Gedanken auch bei slawischen Kollegen gibt. So stehen einander zwei Interpretationen gegenüber, die aus ihrer jeweiligen historischen Perspektive erklärbar sind. Nun entstünde durch die Anerkennung von zwei Perspektiven aber ein Objektivitätsanspruch, den wir als den Gedenktagen verpflichtete Historiker niemals zulassen dürfen. Wir haben uns daher für die historische Wahrheit zu entscheiden, was soviel heißt: wir haben zu entscheiden, was die historische Wahrheit ist. Das haben die Mitarbeiter unseres Instituts in vorbildlicher Weise getan.

Versuchen wir – wissenschaftlich systematisch – den 10. Oktober zu definieren. Der 10. Oktober ist zunächst einmal ein Datum. Mehr als nur ein Datum wurde er durch sein Vorhandensein auch im Jahre 1920, denn damals gab es an diesem Tag eine Volksabstimmung über die Zukunft des Landes Kärnten, da dessen Gegenwart durch den vorgegangenen Ersten Weltkrieg und seinen bedauerlichen Ausgang in einige Unordnung geraten war. Zur Wahl standen zwei Möglichkeiten der Zugehörigkeit, wie schon gesagt, von denen eine siegte. Das Land Kärnten wurde nicht geteilt und blieb in ungeteiltem Zustand bei Deutschösterreich. Die Volksabstimmung war durch einen heldenhaften Freiheits- und Abwehrkampf erzwungen worden. Ich möchte hier nicht ins Detail gehen. Die historischen Fakten dieser Vorgeschichte entnehmen Sie bitte dem epochalen Buch »Wo man mit Blut die Grenze schrieb«. Wir entnehmen daraus, dass es nicht nur der Wuchs und die Schädelform sind, die das Deutsche im Kärntner ausmachen, sondern vor allem auch die Behandlung der Sprache.

Es gibt eine Gruppe von Pseudohistorikern, die das Wahlergebnis am 10. Oktober 1920 immer wieder analysieren und in seine angeblich komplizierten Bestandteile zerlegen wollen. Würden wir uns dieser Methode anschließen, nähmen wir unserem 10. Oktober seine faszinierende Eindimensionalität, den Aufmärschen und Reden die Kraft und den uns nahe stehenden Politikern jede Möglichkeit, all diejenigen, die über uns nachdenken und gar das eine oder andere besser wissen wollen, zurechtzuweisen. Ein historischer Gedenktag, wie wir ihn verstehen, bezieht seinen tiefen Sinn aus dem Mythos: Sieger und Besiegte. Daher ist entscheidend, dass ihre Feinde die Besiegten waren, denn sonst hätten die Sieger nicht so viel Festesfreude an den Gedenktagen des Sieges.
In diesem Zusammenhang muss man auch den Nationalisten unter den einstens Besiegten dankbar sein: Ihr ewiges Wehklagen über ihre Niederlage gibt den carintho-germanischen Triumphritualen erst den Hintergrund, vor dem sie erglänzen können. Alle Aufrechten, die das gesunde Volksempfinden verwalten, wissen: es gedeiht am besten in der Polarisierung. Das Volksempfinden kann nur gesund sein, wenn es die Heldenfigur kennt und den Prügelknaben, den unerschrockenen Jüngling mit der Keule und den Lindwurm. Humus der 10.-Oktober-Feiern muss also sein, keine Zweifel an der Identität des Prügelknaben aufkommen zu lassen, ihn möglichst dazu zu bringen, noch einmal ein wenig aufzubegehren, denn das steigert die Festesfreude. Beobachten wir bei den Prügelknaben eine unleugbare Bodenständigkeit, müssen wir einräumen, dass es sich bei manchen Helden um Zugezogene handelte und handelt. Vor etwa dreißig Jahren kam erstmals ein Exponent des Kärntner Heimatge-

fühls aus Oberösterreich. Darauf wurzelt heute schon etwas wie eine Tradition.
Hoher Kongress! Wir, die wir die Förderung der Begehung historischer Gedenktage zu unserem Anliegen machen, müssen streng zwischen den Vergangenheiten unterscheiden, die man endlich ruhen lassen soll, die uns – wie der Volksmund so treffend sagt – »schon zum Halse heraushängen« – und jenen, an denen unsere rassischen und völkischen Feinde zu würgen haben. Niemand in diesem Land würde auf die Idee kommen, das Jubiläum der Volksabstimmung zu feiern, die Österreich dereinst in die deutsche Heimat zurückführte. Dieser historische Gedenktag ist für deutschnational Gesinnte irrelevant, weil er ja an ihrer Grundeinstellung nichts änderte, nicht vorher und erfreulicherweise schon gar nicht nachher. Dieser Gedenktag wäre – um jetzt auch einmal einen Scherz zu machen – allenfalls ein negativer Gedenktag für Österreichnationale. Der aber bleibt uns erspart, weil es die österreichische Nation ja bekanntlich nicht gibt. Nein, wir denken in größeren Räumen: Uns geht es darum, am 10. Oktober die deutsche Sache über die slawische siegen zu lassen. Alles, was sich gleichsam innerhalb der deutschen Sache abspielt, kann nicht unser Thema sein. Wir wollen die Begehung des 10. Oktober also weiter fördern.

Ich darf zusammenfassen: Der Feiertag 10. Oktober ist der große Ehrentag des Deutschkärntners oder des Kärntnerdeutschen. Um sich der Bedeutung seines Deutschkärntnertums besonders an diesem Tag bewusst zu werden, braucht der Kärntnerdeutsche einen Widerpart, den ich jetzt nicht vordergründig Slawe oder Slowene nennen möchte, sondern – streng wissenschaftlich – Nichtdeutschkärntner. Diesen Nichtdeutschkärntner gilt es zu hegen und zu pflegen, da sonst der Deutschkärntner in einem – nationalpsychologisch gesehen – luftleeren Raum agieren müsste. So sind auch viele Maßnahmen *für* die Erhaltung der Kärntner Slowenen nicht getroffen worden, um diesen Slowenen Nutzen zu

bringen, sondern um sie für den Kärntner als existenziellen Sinngeber zu konservieren.
Die entscheidende Zielsetzung muss sein: Der 10. Oktober hat nicht nur aus Kärntner Sicht sondern auch international als eines der herausragenden historischen Daten zu gelten. Denn, ich zitiere Prof. Trattnig: Kaum ein Thema der jüngeren Geschichte wurde insbesondere seit 1945 von Historikern des In- und Auslandes so zwiespältig und widersprüchlich dargestellt wie die Ereignisse des Kärntner Abwehrkampfes und die daraus resultierende Volksabstimmung.
Was wären dagegen die Ursachen des Vietnamkrieges? Die verschiedenen Deutungen des Palästina-Israel-Konflikts? Die Geschichtsschreibung über die Gründung der DDR? Das sind eben alles Lapalien gegenüber dem, was Kärnten für die Welt der Historie bedeutet. (Wie überhaupt die Überwindung des Provinzialismus nur darin bestehen kann, sich selbst für das Zentrum der Welt zu halten. Aber das ist ein Nebengedanke.)

Wir leben – hoher Kongress! – in einer historischen Zeit. Sie wissen, was ich meine: Europa ist weitgehend vereinigt, soll noch vereinigter werden. Das könnte zur Folge haben, dass die Welt allzu wenig auf Kärnten blickt. Daher wird es wichtig sein, hier diesen 10. Oktober so zu begehen, dass über seine übernationale nationale Bedeutung kein Zweifel aufkommen kann.
Zu großer Freude geben in Kärnten nun schon zeitgeschichtlich weitreichende Konzeptionen Anlass: Eine Verbindung zwischen dem 3. Oktober, dem Tag der deutschen Einheit, mit dem 10. Oktober, dem Tag der Kärntner Volksabstimmung, herzustellen. Was daraus werden könnte – und dieser Vision gilt unsere Förderung! –, ist eine deutsch-kärntner Fest- und Feierwoche unter dem Motto: Deutschland neu und ungeheilt.
Ich danke Ihnen!

Julian Schutting

ENTMACHTUNG

Die Freiheit macht Staat nach der Entmachtung der Staatsmacht, von welcher sie, bewußtlos getrampelt, in Ohnmacht gehalten ward. Aus dem Halbtoten auferstanden, wird sie bejubelt, bestenfalls so lange, bis der Rechtsstaat konstituiert ist.
Mein Gedicht »Entmachtung« handelt, wie unschwer zu ersehen, von der Wiederherstellung der Freiheit aus der Sicht der Staatsverbrecher.

Des Hinschlachts Ende ist erreicht
mit hingeschlacht letzt menschem Fleisch –
nicht nämlich hat der Hinstrecker Flehen
um die Gnade spätgeboren
noch lebend Versteckter
die Himmlischen erweicht:

Ach du Schmach blutentfleckten Daumendrehens!
Ach daß es doch noch nach Angstschweiß röche,
ach daß es doch noch, weh Euch und weh uns!,
den im Namen der verfluchten Freiheit
verbrüderten Staatsverbrechern
fürderhin Arme und Beine zu brechen gölte –
daß mit der Gottheit Hilfe für nur eine Stunde,
ein einziges Mal noch wie in Weilands Zeiten
Verstümmeltes sonder Zahl
oder auf der Götter Geheiß

bloß in Grüppchen zuhauf uns zu Füßen läge,
auf daß es zu guter Letzt den Gnadenschuß
sein eigen nenne! Ist denn wahrlich, oh Götter,
nichts mehr Verhören zu unterziehen
in Euch geheiligter Manier, habt Ihr,
bislang uns Wohlgesinnte,
nichts mehr zu weihen jenem Strang,
jener Mauer, dank den vor sie Hingestellten
so gut wie nie von Fehlschüssen
in ihr Kalkweiß getroffen,
wüßtet Ihr, blindwütig erhabene Gründer
von uns ins Leben gerufener Menschenhatzreviere,
von diesem jüngsten Tag an Nullkommajoseph
an Freiwilden zu Abschüssen freizugeben?

Tränenblind also des Hinschlachtens Ende
die Schlächter beweinen, uneinsichtigen Flehens
zu ihren Göttern: Ist denn, oh schmähliche Schmach,
welche mehr noch als uns Euch Allmächtige schmäht,
niemand übriggeblieben, der sich wohlversteckt
uns aufbewahrt hat, hättet Ihr denn nicht
auch nur einen uns vorzuenthalten gewußt,
auf daß unverhofft letzte Liebe uns täte,
lauthals sich massakrieren zu lassen –
wäre wahrlich schon alles,
ach Ihr Schutzgötter hinstreckungs-
vollen Wirkens, in die eigenhändig gegrabenen
Gruben geschossen worden,
regt sich denn nichts mehr
innert bunt zusammengewürfelten Haufens,
umgebracht allwed Umbringbares
uns ausgestorben?
Hätt uns denn, oh du schmachbringend Trug,
der Glaube getrogen, in Euren Stell-
vertretern auf Erden Ihr wäret
mit ewiger Hinschlachtjugend gesegnet?

So also klagten den Schlächtergöttern
die Schlächter ihr Leid. Verfluchte Freiheit!
und jene zurückwehklagten, in Tränenströmen,
mächtig wie Wienfluß und Nil:

Jawohl, Ihr vollstreckungsfrohgemut
allzeit Getreuen,
nichts ist mehr da,
teure Großmeister diverser Schlächterorden,
befehlsgemäß zu inhalieren
den Himmlischen Frieden! Verfluchte Narren-
freiheit der Toten,
kein zweites Mal zur Augenlichtbrechung
zur Verfügung stehen zu müssen,
und fühlte ihr Blut
sich noch lebenswarm an!

Da weinten die Schlächtergöttinnen alle,
fielen weinend den Schlächtermeistern
und Endzeitfabrikanten um die Hälse,
und statt wie Exkremente zu verschlingen
die nun arbeitslosen Kreaturen
der über Leichen wie über Wolken
wandelnden Götter,
zogen die vier Elemente es vor,
ihr Erinnerungsvermögen erlöschen zu lassen,
einzig nämlich von Speichern,
die von mit noch lebend und schon tot
voll gepferchten Kammern
und von zugehörigen Magazinen
keinerlei Begriff mehr haben, der Götter-
und Menschenwelt Beschaffenheit
sei zu ertragen:

Wie wenn niemals mit ausrottungsfreudigen
Verbrechen in Berührung gekommen,
spurlos dahin aus dem Gedächtnis der Erde

die en masse Verscharrten, auch die Abdrücke jener,
die den Befreiern sind auf den Knien
halbtot entgegengekrochen,
spurlos dahin die Erinnerung
des Wassers an die von seinen Flüssen
von den Tatorten Fortgeschwemmten,
an die dem Stillschweigen der Meeresgründe
übel zugerichtet Anvertrauten.
Aber daß auch
die in himmelschreiender Aschengestalt
in die Himmelsluft Gejagten
dem Gedächtnis
der Atemluft und der Verbrennungsfeuer ent-
raten wären? sei, wie dem sei – wolkengleich
in den Himmel aufgefahren, zart wie Nebel
ins Paradies eingezogen,
weilen sie
bei ihrem Gott.

Peter Schwaiger

LESSON ONE

In der Dummheit ist eine Zuversicht,
worüber man rasend werden möchte.[1]
(F. H. Jacobi, Brief vom 15. März 1781)

Willkommen. Setzen Sie sich. Lassen Sie sich nicht von äußeren Eindrücken täuschen. Geben Sie nichts auf den Umstand, dass ich hier interniert bin, während Sie bloß Besucher sind. Anstaltskleidung ist selten geeignet, ein Bild dessen zu vermitteln, der sie trägt. Dies alles sind Nebensächlichkeiten und zudem hervorragend geeignet, die Dinge, von denen ich Ihnen erzählen will, plastischer hervortreten zu lassen. Sicher hat man Sie bei der Einweisung in die Verhaltensgrundregeln dieses Hauses auch davor gewarnt, sich auf keine über den Zweck Ihres Besuches hinausgehenden Gespräche mit mir einzulassen, Sie auf die Gefahr einer Beeinflussung Ihrer Person durch meine Person hingewiesen. In diesem Punkt darf ich Sie beruhigen. Nichts liegt mir ferner. Ich werde Ihnen nichts erzählen, das Sie nicht hören wollen. Und Sie können, sofern Sie nicht anhand der Beispiele, die ich Ihnen anbieten werde, zu den selben oder zumindest ähnlichen Ansichten gelangen wie ich, alles getrost wieder vergessen.

Vergessen Sie aber bitte nicht, dass es, wenn ich so sagen

1 Aus: F. J. Jacobi: Briefwechsel 1775–1781. Frommann-Holzboog 1983

darf, Ihre Neugier war, die Sie veranlasst hat, meinen Unterricht zu besuchen. Sie sind hier, weil Sie etwas über das Wesen der Demokratie erfahren wollen. Über die Beschaffenheit jenes Mechanismus, der das Staatsgetriebe am Laufen hält, zu dessen lenkenden und leitenden Persönlichkeiten Sie bekanntermaßen zählen. Sie sind hier, weil Sie nicht weiter wissen.

Auch darin kann ich Sie beruhigen. Es ist wahr. Ich habe das ursprüngliche, jeder Demokratie zu Grunde liegende *Prinzip* entdeckt. Ich möchte Sie bitten, mir so aufmerksam und unvoreingenommen wie möglich zuzuhören. Das wahre Prinzip der Demokratie lautet nicht: Alle Macht geht vom Volke aus. Sie atmen auf? Freuen Sie sich nicht zu früh. Das wahre Prinzip der Demokratie (und dieses ist nicht weniger alt als das gemeinhin angenommene) lautet: Neun von zehn Menschen sind Deppen.

Halt. Warten Sie. Das ist mein Ernst. Dies ist keine der landläufigen Wirtshauspolemiken, wie sie – nicht zuletzt durch Präponenten Ihrer Regierung – in den vergangenen Jahren nur allzu salonfähig geworden sind; keine der leichtfertig dahingesagten Kalenderspruchphilosophien, die den Blick auf das Wesentliche verwässern anstatt ihn aufzuklaren, bis wir nur noch Ursachen ohne Wirkung und Wirkungen ohne Ursache sehen und letztendlich gar nicht anders können, als alles zusammen der angeblichen Komplexität unserer Zeit in die Schuhe zu schieben. Dies ist die Quintessenz meiner Forschungen, mögen andere durch andere zu anderen gelangen: Neun von zehn Menschen sind Deppen.

Recht so. Setzen Sie sich wieder. Versuchen Sie Ihre Vorurteile, Ihre sozialen Reflexe, Ihren berufsbedingten Drang nach Political Correctness abzulegen, so wie Sie Ihre Schlüssel, Ihr Portemonnaie, Ihre Taschenuhr auf dem Tisch des Diensthabenden abgelegt haben, der Sie Ihnen später, wenn Sie von hier aufbrechen, wieder aushändigen wird.

An dieser Stelle lasse ich meine Studenten üblicherweise ein kleines Experiment durchführen, das ich selbst entwickelt habe. Ich nenne es *Die Interaktionsprobe*. Es steht Ihnen frei, diesen Test im Anschluss an unser Gespräch selbst auszuprobieren, und sei es lediglich, um Ihren eigenen Standpunkt zu bestätigen. Die Rahmenbedingungen sind einfach; es bedarf dazu keiner besonderen Eignung oder Hilfsmittel. Alles, was Sie zu tun haben, ist: Setzen Sie sich ein bestimmtes Zeitlimit. Sagen wir, eine halbe Stunde. Gehen Sie so lange außer Haus. Suchen Sie öffentliche Straßen und Plätze auf. Meiden Sie jedoch größere Menschenansammlungen. Sprechen Sie nun willkürlich Leute an. Bringen Sie sie dazu, mit Ihnen zu interagieren. Was Sie dazu tun oder welche Art Interaktion stattfindet, ist sekundär. Fragen Sie nach dem Weg, bitten Sie um Rat. Lassen Sie jemandem den Vortritt. Überqueren Sie eine stark befahrene Straße. Geben Sie sich als Reporter einer Lokalzeitung aus und fragen Sie den Betreffenden nach seiner Meinung zu einem aktuellen Geschehen.

Falls Sie dabei das Gefühl haben, Sie würden lediglich durch Ihre Vorurteile gelenkt, sich quasi entlang des eigenen Horizonts im Kreis bewegen, möchte ich Ihnen ein simples, aber wirksames Werkzeug in die Hand geben, das sich in diesem Zusammenhang als äußerst wirkungsvoll erwiesen hat: die *Selektive Prämisse*.

Die Selektive Prämisse dient dazu, die eigene, eher ziel- und wahllose Wahrnehmung auf eine wesentliche Perspektive zu fokussieren. Dabei handelt es sich um einen bestimmten Gedanken, der – quasi als bündelnde Linse – dem Verstand vorgeschaltet wird, indem man ihn auf jeden Eindruck anwendet, der die eigene Wahrnehmung erreicht. Je eindeutiger und prägnanter der Gedanke, umso genauer das Ergebnis.

Die Prämisse, die sich in unserem Fall als am meisten zielführend herausgestellt hat, dürfte Ihnen übrigens bekannt vorkommen. Ich möchte Sie aber bitten, alle berufsbedingten Konnotationen vorübergehend außer Acht zu lassen. Ihre Selektive Prämisse für diesen Versuch lautet: »Und sie alle sind wahlberechtigt.« Sie lachen? Warten Sie's lieber ab.

Nachdem Sie ein Gefühl für die Materie bekommen haben und ehe wir uns mit den Konsequenzen meiner Theorie beschäftigen, wollen wir nun eine der Grundlagen unserer Gleichung eingehender beleuchten. Den Deppen. Was genau verstehen wir in diesem Zusammenhang unter einem Deppen? Wie definiert sich der Depp? Wo und wie grenzt er sich vom Nicht-Deppen ab? Vergessen Sie getrost, was Ihnen Ihre Schulbildung unter dem Oberbegriff »Psychologie« an diversen Schubläden angeboten hat. Denken Sie nicht in Begriffen der Schulmedizin. Worum es hier geht, ist kein allgemeiner, angeblich pathologischer Wesenszug. Hier geht es um ein soziales Phänomen und tatsächlich ist es schwierig, angesichts der Vielzahl menschlicher Eigenschaften ein eindeutiges und funktionierendes Raster zu entdecken. Es ist mir jedoch gelungen, aus der Fülle an Möglichkeiten einige wenige Faktoren herauszufiltern, die ihrerseits gewisse Rückschlüsse zulassen. Konkret handelt es sich dabei um drei Fähigkeiten, oder besser: das Fehlen derselben. Wobei es zwecks einer ersten Kategorisierung durchaus ausreicht, wenn eine dieser Eigenschaften fehlt. Es sind dies

1. *Die Fähigkeit, die Dinge aus einem anderen als dem eigenen Blickwinkel zu betrachten.* Da das Ziel unserer Betrachtungen eine möglichst dreidimensionale Darstellung sein soll, wollen wir diese Komponente die x-Achse unseres sozialen Koordinatensystems nennen. Dabei handelt es sich um das mit Abstand am häufigsten beobachtete Muster: Beamte schimpfen auf Ärzte schimpfen auf Lehrer schimpfen auf Beamte. Gesellschaftliche Fehlentwicklungen wie Rassismus, Antisemitismus, Patriotismus, aber auch Versuche einer Reform des Sozialversicherungswesens lassen sich dieser ersten Kategorie zuordnen.

2. *Die Fähigkeit der Weitsicht.* Unsere y-Koordinate. Was ich damit meine, ist keineswegs die Gabe, in die Zukunft zu sehen, alle Eventualitäten im Vorhinein abschätzen zu können. Worum es geht, ist das akute Außerachtlassen des Aggregatzustandes von Wasser in dem Augenblick, in dem jemand sich zu einem Sprung vom Zehn-Meter-Turm ent-

schließt. Auch diese Eigenschaft ist weniger selten verbreitet, als man gemeinhin annehmen möchte. Akte der Vergangenheitsbewältigung fallen ebenso in diese Kategorie wie etwaige künftige Pensionsreformen.
Auf die dritte Komponente werde ich später zu sprechen kommen.
Doch auch ohne sie lässt sich bereits jetzt eines feststellen: Es scheint, als handle es sich bei jenem Zustandsbild, mittels dessen wir uns einer Klassifizierung des Deppen annähern wollten, um eine Art Augenleiden. Oder, wie ich es gerne meinen Studenten gegenüber ausdrücke: Dieses Land braucht nicht mehr Politiker oder Soziologen. Dieses Land braucht mehr Optiker.

Die Frage, die mir in diesem Zusammenhang am häufigsten gestellt wird – und die auch Sie am brennendsten interessieren dürfte –, ist natürlich die Frage nach den Konsequenzen. Wie lässt sich eine solche Gesellschaft regieren? Wie eine Entscheidung zum Wohl einer solchen Gesellschaft treffen?
Die Antwort darauf wird Ihnen nicht gefallen. Sie ist jedoch für ein Verständnis meiner Theorie geradezu unerlässlich.
Tatsächlich klafft hier die Diskrepanz zwischen dem, was wir glauben, und dem, was wir glauben wollen, am deutlichsten. Sie wissen noch? Neun von zehn Menschen sind Deppen. Das bedeutet, neun von zehn Ihrer Wähler sind Deppen. Das bedeutet, neun von zehn der Wähler Ihres politischen Gegners sind Deppen. Neun von zehn der Mitglieder Ihrer Regierung. Neun von zehn Oppositionellen. Seien Sie nicht feige. Denken Sie den Gedanken weiter. Neun von zehn Bankdirektoren sind Deppen. Neun von zehn Ausländern. Neun von zehn Juden. Neun von zehn Priestern, Homosexuellen, Behinderten. Neun von zehn der Insassen dieser Anstalt. Wenden Sie sich nicht ab. Spielen Sie nicht den Angewiderten. Seien Sie konsequent. Wohin führt Sie das alles? Was kann eine Politik, die auf einer solchen Annahme fußt, anderes sein, als eine Politik der geringstmöglichen Dummheit? Ein Versuch, das am wenigsten Falsche zu tun?

Sie haben natürlich Recht. Es gibt da auch noch den Nicht-Deppen, den Weitsichtigen und Umsichtigen. Warum nicht eine Regierung bilden aus diesen Zehnten? Eine Regierung der »besten Köpfe«? Warum nicht die Führung von neunzig Prozent der Bevölkerung dem einen Zehntel der Symptomfreien anvertrauen? Ehrlich gesagt, ich habe sogar erwartet, dass Sie diese Frage stellen. Der Wunsch, den verfassungsgemäßen Rahmen zu verlassen, gehört zu den ältesten und begreiflichsten Reaktionen auf diese Erkenntnis. Doch ich muss Sie warnen. Setzen Sie nicht allzu große Hoffnung in diesen arithmetischen Außenseiter.
Warum? Nun, zum einen ist es ja nicht so, dass derartige Versuche bislang nicht unternommen worden wären. Im Gegenteil. Geschichte und Gegenwart sind voll davon. Paradoxerweise sind es gerade die Führer solcher Systeme, die die Richtigkeit meiner Theorie als Erste erkannt, die ihre Staatsexperimente gleichsam darauf aufgebaut haben. Neun von zehn Staatsbürgern sind Deppen. Ist es demnach nicht geradezu die Aufgabe des zehnten, zu ihrem Wohle zu herrschen? Naturgemäß, sozusagen.
Zum anderen kann man getrost davon ausgehen, dass sie alle – mehr oder weniger deutlich – in ihrem Bestreben gescheitert sind, nicht wahr?
Das Problem besteht darin, dass bis dato keine geeignete Methode gefunden wurde, mittels der sich die Deppen zweifelsfrei von den Nicht-Deppen scheiden ließen. Dazu müssen Sie wissen, dass – rein rechnerisch – der Depp im Deppen in Wahrheit nur etwa neun Zehntel ausmacht, der Depp im Nicht-Deppen im Umkehrschluss immer noch gute zehn Prozent. Und so weiter und so fort. Sie werden verstehen, dass eine derartige Berechnung ins mathematisch Exakte nur wenig zielführend gewesen wäre.
Die Ursache liegt also, neben der relativ weit verbreiteten Fähigkeit des Menschen, umzudenken, wie so oft im Bereich der Mathematik.
Nun hat die Tatsache, dass es etwas in der Praxis nicht gibt beziehungsweise sich seine Existenz nicht beweisen lässt,

den Menschen zu keiner Zeit davon abgehalten, sich theoretisch mit einer Sache zu befassen. Dies ist in der Wissenschaft nicht anders als in der Politik. So werde ich oft am Ende meiner Vorlesungen gefragt: Was aber, wenn es diesen Zehnten wirklich gäbe, wenn eine Möglichkeit bestünde, ihn zweifelsfrei festzumachen als eine reale physische Person, was wäre dann seine Aufgabe in der Gesellschaft? Wie sähe seine Rolle aus innerhalb des demokratischen Systems?
Ich pflege daraufhin den Ball zurückzuspielen in Form der Gegenfrage, ob es denn einen Unterschied mache, ob dem Betreffenden die Tatsache seiner Situation bewusst sei oder nicht? Worauf sich meine Zuhörerschaft üblicherweise in zwei Lager spaltet. Während die einen davon überzeugt sind, dass ein solches Bewusstsein unweigerlich ausgeprägtes soziales und politisches Engagement zur Folge haben müsse, sind die anderen der Ansicht, ein solches Wissen würde den Betreffenden augenblicklich in tiefste Verzweiflung stürzen.
Ich persönlich bemühe hier gerne einen Vergleich aus der Filmwelt. Einerseits, um den spekulativen Charakter dieser Diskussion zu unterstreichen, andererseits, um ihr einen etwas positiveren Anstrich zu geben. Kennen Sie *Die zwölf Geschworenen*? Ein junger Mann ist des Mordes angeklagt. Beweise werden vorgelegt, Plädoyers gehalten. Die Entscheidung der Jury muss, um zu einem Urteil zu führen, einstimmig sein. Elf von zwölf Geschworenen sind von der Schuld des Angeklagten überzeugt. Nur der zwölfte zweifelt. Neunzig Prozent des Films spielen sich ausschließlich in dem Sitzungszimmer ab, in das sich die Geschworenen zur Beratung zurückziehen. In dieser Zeit gelingt es dem einen, indem er zum Nachdenken und zu genauem Hinsehen anregt, bei einer Mehrzahl der elf anderen berechtigte Zweifel zu wecken. Wohlgemerkt, es geht ihm nicht darum, jemanden von Schuld oder Unschuld des Angeklagten zu überzeugen. Mehr noch, auch der Protagonist selbst ist sich in diesem Punkt keineswegs sicher.
Es geht ihm nicht um die Wahrheit. Es geht um Zweifel.
Genau darin bestünde für mich – wenn es ihn denn gäbe

und wenn er sich zudem dieser Tatsache bewusst wäre – die reale Aufgabe unseres theoretischen Zehnten.

Das war's fürs Erste. Dies sind die Grundlagen, auf denen wir in der Folge aufbauen werden. Denken Sie in Ruhe über alles nach. Machen Sie die Übungen. Notieren Sie, was Ihnen einfällt. Kommen Sie wieder, wenn Sie so weit sind, damit wir uns gemeinsam der zweiten Lektion zuwenden können.
Sie sind enttäuscht? Was ich Ihnen zu sagen hatte, war nicht, was Sie zu hören hofften? Ich will Ihnen, ehe Sie gehen, noch eine kleine Übung mit auf den Weg geben. Ein Werkzeug, an dem ich zur Zeit arbeite, das noch nicht ausreichend auf seine Funktionalität überprüft worden ist, im Gegensatz zu den anderen, die ich Ihnen zur Hand gereicht habe. Ich nenne es *Die Alarmanlage*. Probieren Sie's aus und lassen Sie mich beim nächsten Mal wissen, wie es Ihnen damit ergangen ist.
Versuchen Sie einen Tag lang, sich Demokratie nicht als eine Staatsform vorzustellen. Sie haben richtig gehört. Denken Sie, wenn Sie an »Staat« denken, lieber an ein riesiges Haus, ein Gebäude voller Betriebsamkeit. Eine Fabrik etwa. Ein Amt. Meinetwegen auch eine Ameisenfarm. Lassen Sie Ihrer Fantasie freien Lauf. Stellen Sie sich nun »Demokratie« als einen Sicherheitsmechanismus vor, den jemand nachträglich in dieses System eingebaut hat. Einen Detektor, der vor Fehlfunktionen oder Übersteuerungen warnen soll.
Denn genau hier kommt nun der dritte Faktor ins Spiel, den ich angedeutet habe. Unsere z-Achse, die dem Wesen des Deppen räumliche Tiefe verleiht. Es ist dies
3. *Die Fähigkeit, die eigene Person im Hinblick auf ihre Zugehörigkeit zu einer der beiden Gruppen zu beurteilen.* Für mich das wesentlichste Merkmal überhaupt. Der eigentliche Grund für Entstehung und Notwendigkeit einer Demokratie.
Oder wie ich es meinen Studenten gegenüber auszudrücken pflege: Demokratie ist nicht das Haus. Sie ist der Sicherungskasten für den verhältnismäßig wahrscheinlichen Fall, dass Sie selbst zu den neun von zehn gehören.

Armin Thurnher

UNGEHOBELTE GEDANKENSPÄNE ZU DREI BEGRIFFSKLÖTZEN

Da hat der gute Doktor Zellinger also wieder seine jährliche Prüfungsfrage formuliert, auf die fallen wir immer wieder gern herein. MACHT STAAT FREIHEIT. Wir wissen schon, diese Begriffsklötze kann man beliebig aufeinander schichten. Man kann sie in den Mund nehmen, hin und her kauen, herumkneten und formen, auf ihren Klang und Rhythmus abklopfen, ein Substantiv in ein Verb verwandeln, hinten diverse Satzzeichen anfügen und so weiter. Die Reihenfolge der Wortklötzchen lässt sich umdrehen, die Satzzeichenlosigkeit suggeriert diese Möglichkeit geradezu, ja sie lässt sie als die einzig richtige Reaktion erscheinen. Man könnte der Frage natürlich auch ausweichen, sich etwas anderes fragen, oder sich anregen lassen, eine kleine Geschichte, eine Anekdote vielleicht zu erzählen.

Machen wir diesmal nicht. Diesmal machen wir Klotzsache. Klötzchen statt kleckern. Diesmal geben wir den Jongleur. Im Scheinwerferkegel wirbeln wir die Begriffe durcheinander und schauen, welcher zuerst zu Boden fällt und wie sich die Reihe dann liest. FREIHEIT MACHT STAAT, Fragezeichen. Was, Sie können gar nicht jonglieren? Wieso treten Sie dann im Zirkus auf? Unser Wesen ist eben ein Zirkuswesen, wir sind Manegentiere und schon balancieren wir einen Begriffsklotz auf der feuchten Schnauze. Hopp, sagt der Doktor Zellinger und wir – gern fressen wir den Seehundslohn, den er uns zuwirft, während wir die Schwanzfinne in das tröstende Sägemehl der öffentlich gestellten traditionellen akademischen Frage stützen, deren Beantwortung öffentlich beurteilt und allenfalls mit einem Preis versehen wird.

Wir hier kriegen – hopp! – ein feststehendes Honorar, und alle Manegentiere gleich viel. Das ist Demokratie! Und wie man sieht, bedeutet Demokratie nichts anderes als die Flucht vor dem Wettbewerb. Schon wieder fliegt ein Klötzchen. Aus dem Publikum fragt einer: »Haben Sie überhaupt den Untertitel gelesen? Eine BAWAG-Anthologie zur Offenen Gesellschaft?« Ah so, offene Gesellschaft, und nicht Demokratie. Da schaut sie mich an, die Gesellschaft, mit offenem Mund, weil man ihr solche Fragen zumutet. Dass man heutzutage überhaupt noch das Wort Gesellschaft verwendet, darin scheint tatsächlich eine Zumutung zu liegen.

Gesellschaft, das ist doch ein Unwort aus längst vergangenen Tagen; ein Anspruchswort, mit dessen Hilfe die alten Autoritäten der christlich-muffigen Nachkriegsgesellschaft mit ihren fraglos verinnerlichten Werten von Loyalität, Verpflichtungen und Tugenden angegriffen wurden. Ein Forderwort, so attraktiv und knusprig wie feucht gewordener Zwieback. Na gut, mit dem Zusatz »offen« mag es heute gerade noch angehen. Gesellschaft, das klingt mittlerweile wie von selbst geschlossen, es kommt irgendwie uneinladend und ungastlich daher, scheint grundsätzlich viele auszuschließen. Ladenschlusszeiten ihr Schlüsselthema. Gesellschaft, das heißt Umverteilung nach unten und öder Sonntag ohne Einkauf. Ganz anders »offene Gesellschaft«! Hereinspaziert!

Aber wo hinein? Jüngst hörte ich den klugen Ralf Dahrendorf, Professor, Doktor und Lord sogar, sinngemäß sagen, es sei mit Europa kein Staat zu machen, also müsse der Nationalstaat den diversen Fehlentwicklungen, ja auch denen der Globalisierung, sich und seine Regulative entgegensetzen. Das aber könnte wohl nur ein neu verstandener Nationalstaat tun, denn den guten alten Nationalstaat haben uns die Liberalen stets als den großen Bevormunder dargestellt, den Überladenschließer, der zum Ladenhüter geworden ist; und sie haben nicht einmal ganz Unrecht gehabt dabei.

STAAT MACHT FREIHEIT. Die Frage, die der kluge Doktor Zellinger vollkommen fragezeichenlos stellt, lässt sich – vorausgesetzt, wir rücken von der Fiktion ab, von uns aus frei zu sein, und beauftragen einen Dritten, uns frei zu machen und zu halten – wohl auch so verstehen: Wer also gibt »uns« Freiheit, indem er die Freiheiten von anderen beschränkt? Der Staat oder wer? Und wer kann mit »wer« gemeint sein? Wohl nur die Wirtschaft? Ein neues Klötzchen! In unserer fragezeichenlosen Frage steckt also zweifellos auch die WIRTSCHAFT. Wirtschaft hat Macht. Und wer uns unsere Freiheit garantiert, der soll die Macht haben, das ist doch klar. Allez hopp!

Handelt es sich um den Staat, kann man klassischerweise fragen, wem die Macht gehören soll, woraus sich ergibt, wer die Freiheit hat: Alle, viele oder zumindest doch einige? In diesem Fall handelt es sich nach Montesquieu um eine Republik. Einem Einzelnen, aber immerhin im Rahmen bestimmter Gesetze? Dann liegt eine Monarchie vor. Oder einem, der schaltet, wie er will, von keinem Gesetz, keiner Verfassung beengt? Dann haben wir einen Despoten.

Kann umgekehrt der nicht verfasste Staat selbst despotisch sein? Durchaus. Totalitäre Staaten unterdrücken ihre Bürger, wenn's geht, auch die Bürger anderer Staaten; und am Ende sogar den Staat selber: Die Hitler-Diktatur war kein Staat mehr, vielmehr setzte sie dessen Institutionen zugunsten des Führerprinzips außer Kraft. Aus der Negation des Hitler-Totalitarismus sind ja unsere Nachfolge-Republiken und deren Verfassungen entstanden. Das Ende der Balance zwischen totalitären Regimes und demokratischen Staaten hat wiederum nach 1989 erst zur Entfesselung der so genannten Globalisierung geführt und in der Folge zur Schwächung und zur Sinnkrise demokratisch verfasster Nationalstaaten. Womit sich die Frage von Freiheit und Macht zwischen Wirtschaft und Staat neu stellte.

In der Nachkriegsgesellschaft konnte man meinen, der nicht oder schlecht verfasste Staat sei die einzige Bedrohung für unsere Freiheit. Aber vielleicht betrachten wir einmal dieses bunte Klötzchen, das da durch die Luft fliegt, genauer und fragen uns, was das überhaupt sein könnte, der Staat? Nein, fragen wir nicht uns, fragen wir den verstorbenen Soziologen Niklas Luhmann. »Der Staat, das ist die Formel für die Selbstbeschreibung des politischen Systems der Gesellschaft«,[1] sagt dieser kluge Mann darauf. Staat und Politik wären somit mehr oder weniger ein und dasselbe, einmal in verfestigter, einmal in beweglicher Form.

Jene Politik, die von der Führung der Staatsgeschäfte gerade ausgeschlossen ist, setzt immer alles daran, um wieder an die Macht zu kommen. Klar. Und jene Politik, die gerade an der Macht ist, tut alles, um weiterregieren zu können. Um ihre Wertvorstellungen durchzusetzen, von mehr oder weniger Gesellschaft, von Umverteilung nach oben, nach unten oder nach hinten. Vor allem natürlich, um Menschen in die Institutionen zu setzen, die Machtkonstanz auch nach Machtwechseln garantieren.

In erster Linie ist der Staat natürlich Machtapparat. Wir übertragen der Staatsmacht das Monopol auf Gewalt. Sagen wir. Zumindest auf politisch legitimierte Gewalt. Dass damit die Macht- und Freiheitsfrage im Bereich des Staates nicht abgetan ist, versteht sich. Man braucht nur den Zaubernamen Mi-

1 Niklas Luhmann: Staat und Politik. Zur Semantik der Selbstbeschreibung politischer Systeme. In »Politische Vierteljahresschrift«, Sonderheft 15 »Politische Theoriengeschichte«, Hg. Udo Bembach. Opladen 1984 (Westdeutscher Verlag)

chel Foucault zu nennen. Macht, wissen wir spätestens seit seinen Arbeiten, ist ein Thema in allen menschlichen Beziehungen; der Staat nur ein Sonderfall davon. »Macht ist die Vielfalt von Verhältnissen, die ein Gebiet bevölkern und organisieren«,[2] sagt Foucault.

Wir aber bleiben bei unserem Klötzchen. Macht ist für uns Staatsmacht. Zum einen. Die Wirtschaft aber ist das andere; Macht ist auch Wirtschaftsmacht. Wir greifen sie heraus, weil sie in der Konkurrenz der Mächte die Nase vorn hat; Politik gerät im globalen politischen System ihr gegenüber zusehends ins Hintertreffen. Die Verfassungen der Staaten und deren zwischenstaatliche Abkommen garantieren Wirtschaftsfreiheit für die Einzelnen und schützen deren Wettbewerb untereinander, indem sie die Rechte jener, meist Stärkeren einschränken, die den Wettbewerb behindern oder verzerren.

Wirtschaft bleibt (daran können hundert Ethikseminare für Manager nichts ändern) das egoistische Prinzip im Interesse des Einzelnen. Ein Unternehmer, ein Unternehmen wollen ihren Profit maximieren. Außerhalb dessen gibt's für sie nichts. Und drinnen in den Besprechungszimmern erklären teuer zugekaufte Strategen hinter ihrem Power-Point Projektor: »Web-Publishing ist Krieg« oder »Waschmittel ist Krieg« oder »Kondensmilch ist Krieg«; nämlich gegen das andere Web-Publishing, Waschmittel oder Dosenfutter und auch zuletzt gegen jenes Wesen, das diesen Krieg begrenzen will. Der Staat ist die Nato-Friedenstruppe der Wirtschaft; der jeweils von Einschränkungen betroffene Wirtschaftszweig die rebellische Minderheit. Man könnte auch sagen, der Staat sei das Interesse der Vielen. Spätestens dann stellt sich die Frage, ob das öffentliche Wohl wohl am besten durch privates Übel befördert wird. »private vices, public benefit«, die

2 Michel Foucault, Sexualität und Wahrheit, Frankfurt am Main 1977 (Suhrkamp)

klassische Antwort des guten alten Bernard de Mandeville[3], steht immer wieder neu zur Debatte. Der Staat schützt uns vor den Auswüchsen dieser privaten Laster und verwandelt sie in öffentlichen Nutzen, indem er ihnen den Rahmen vorschreibt, in dem sie sich bewegen müssen.

Wirtschaft macht frei, zweifellos. Den Unternehmer, den Shareholder, den Angestellten. Nicht nur im zynischen Sinn von Freisetzung: Es existieren natürlich nicht nur deswegen so viele Unternehmer wie noch nie, weil das alle nur verkappte Arbeitslose wären (die gibt's auch), sondern weil das Freiheitsversprechen wirtschaftlicher Selbstverwirklichung äußerst anziehend wirkt; und an selbstständigen, initiativen Individuen ist unsere Gesellschaft nicht gerade reich. Vielleicht könnte man sogar sagen: An der Zahl ihrer Existenz misst sich der Freiheitsgrad einer Gesellschaft. Land of the free versus Obrigkeitsstaat.

Aber wir kennen nicht nur den stolzen Biolandwirt und den unbeugsamen Gemüseboten, den fröhlichen Sänftenträger und den gut gelaunten Reinigungsunternehmer, die erhobenen Hauptes durchs Leben wischen. Wir kennen auch den Großbetrieb, der genau solchen Kleinunternehmern die Freiheit ihrer unabhängigen Unternehmerexistenz raubt, indem er wächst, sich nach mehr Wachstum verzehrt und sich nach außen über den Globus ausbreitet. Und der dabei von innen her Werte wie Loyalität und Verlässlichkeit auflöst; der Menschen, die sich auf Laufbahnen wähnten, in Wildbahnen verweist. Richard Sennett hat die Folgen in seinem Buch »Der flexible Mensch« nachgezeichnet. Das aus Marktflexibilität der Arbeitskraft und Unberechenbarkeit des eigenen Schicksals entstandene Ergebnis nennt er unverblümt »die Zersetzung des Charakters«[4].

3 Bernard de Mandeville, The Fable of the Bees: or Private Vices, Public Benefits, London 1714. Dt.: Die Bienenfabel, München 1988 (C.H. Beck)

4 Richard Sennett: Der flexible Mensch. Die Kultur des neuen Kapitalismus. Deutsch von Martin Richter. Berlin Verlag 1998

Der freigesetzte, entsolidarisierte Mensch ist das reale Gegenbild des Freiheitsversprechens von Individualisierung und Flexibilisierung. Zugleich ist das Heilsversprechen dieser Individualisierung und Flexibilisierung viel zu stark, als dass der Staat es wagen würde, hier einzugreifen. Das Unwort »Gesellschaft« hat – wir sagten es – keinen guten Klang mehr, es bietet keinen Rahmen für politisches Handeln, ja dieses politische Handeln bringt sich selbst zusehends in Misskredit. Das Unwort »Gesellschaft« kommt unseren Politikern nur noch mit Zusätzen über die Lippen: »Offene Gesellschaft«, das poppt ganz gut. Mit »Civil Society« hatte man einen siegreichen (und berechtigten) Kampfbegriff gegen die totalitären Regimes im Osten erfunden, den wendet man jetzt der Einfachheit halber gegen sich selber an und nennt ihn »Bürgergesellschaft«.

Es gibt sie zwar noch, die Ideologen des schrankenlosen Marktes, des unbeschränkten Wirtschaftens, aber ihre Freiheitsparolen klingen ziemlich blechern, sie mühen sich entschlossen keuchend um den Unterhaltungswert der Meinungsseiten unserer politischen Magazine. Die Schlüsselfrage der Freiheit heißt »Rückkehr der Politik«. Retten, was zu retten ist: Die einen fürchten sich dabei vor einer Wende ins Autoritäre; nicht so wie im österreichischen Satyrspiel ante festum, sondern als Angst- und Panikreaktion auf vermeintlich unkontrollierbare, die Freiheit vieler Einzelner bedrohender gesellschaftlicher Entwicklungen. Die Antwort auf den delegitimierten Staat und die flexibilisierte Gesellschaft wäre demzufolge mehr Staat, stärkerer Staat, am Ende unkontrollierbarer Staat.

Brauchen wir Afghanen, um sie zu fragen, wie's ihnen in Afghanistan zumute ist? Ja, der Staat macht unfrei, in seiner extremsten Form ist er Tyrannei. »Staat: Formationen bewaffneter Menschen, Gefängnisse.« Die trockene Marx-Charakteristik hängt immer noch im Hinterkopf (weswegen ich sie nur nach dem Gedächtnis zitieren kann). Naiv, zu behaupten, der Staat bedrohe nicht die Freiheit. Borniert, anzunehmen, es gäbe ein besseres Instrument, die Freiheit seiner Bürger zu schützen, als ihn. Bloß wie?

Das Ziel der Freiheitsdenker war es stets (zumindest in ihren jüngeren Jahren, wie etwa beim frühen Hegel), sich vor dieser Tyrannei zu schützen, und dann, als Herrscher und Nation im Nationalstaat scheinbar eins wurden, dieser absoluten Einheit ohne Freiheit die verfasste, die institutionalisierte Demokratie als Garantie der Freiheit entgegenzusetzen (falls sie nicht, wie der späte Hegel, den absolutistischen Staat rechtfertigten).

Aus dem berühmtesten Buch über die Freiheit, es trägt das Wort gleich im Titel, On Liberty, »Die Freiheit« von John Stuart Mill[5], stammen folgende Sätze: »Wie andere Tyranneien, wurde auch die der Mehrheit zunächst und auch heute noch üblicherweise dann gefürchtet, wenn sie in Handlungen der Staatsgewalt sich äußert. Tieferblickende erkannten jedoch bald, dass, wenn die Gesellschaft selbst der Tyrann ist – das heißt, die Gesellschaft als Ganzes über die einzelnen Individuen, die sie bilden –, ihre tyrannischen Maßnahmen nicht auf ihre Handlungen beschränkt sind, die sie durch die Hand der Obrigkeit vollziehen lässt ... Mithin genügt nicht der Schutz gegen die Tyrannei der Obrigkeit, es ist auch ein Schutz notwendig vor der Tyrannei der herrschenden Meinung und Gesinnung, vor der Neigung der Gesellschaft, ihre eigenen Ideen und Gewohnheiten durch andere Mittel als durch bürgerliche Strafen den Widerstrebenden aufzunötigen, die Entwicklung jeder eigenartigen Individualität zu fesseln und, wenn möglich, zu ersticken.«

---

5 John Stuart Mill, On Liberty, London 1859. Dt.: Die Freiheit, Zürich 1945, Reprint Darmstadt 1965 (Wissenschaftliche Buchgesellschaft)

Mitten im viktorianischen England notierte dieser John Stuart Mill gleich anschließend Folgendes: »Alles, was menschlichem Leben Wert verleiht, beruht darauf, dass man die Handlungen der anderen Menschen in Schranken bannt.« Der Staat als gegenseitige, möglichst alle umfassende Bannung für alle Menschen. Klingt gut, nur, wie soll man sich das vorstellen, wenn man die Ohren voll hat vom Geschrei der Entstaatlicher und der falschen Modernisierer? Vom österreichischen Beispiel kann man ja ganz absehen. Leute, die »Bürgergesellschaft« rufen und dann den Vereinen und karitativen Organisationen, dem Rückgrat der Bürgergesellschaft, die begünstigten Posttarife streichen und damit die finanzielle Basis entziehen, so etwas disqualifiziert sich wegen Lächerlichkeit weitgehend selber. Ebenso eine Politik, die im Namen von »Liberalisierung« sich staatliche Machtpositionen aneignet und im Namen der »Freiheit« den Staat dort zurückstutzt, wo er den Schwachen hilft. Darüber kann man sich ärgern; man kann sich auch über die ulkige Art von Ungleichzeitigkeit wundern, die in der Idee eines Austrothatcherismus steckt, welche 15 Jahre nach der wirklichen konservativen Wende, dem echten Thatcherismus, aufkommt und just in dem Moment auf »Entstaatlichung« setzt, da selbst Liberale und intelligente Konservative nach neuen Formen von Staat und Politik, nach einer »Repolitisierung« rufen.

Wie aber könnte sie aussehen, diese Repolitisierung, die Rettung der Freiheit durch die Rettung des Staates? Zum Beispiel sollte der Staat seine Bürger schützen, wo es Not tut. Vor den entsolidarisierenden, charakterzerstörenden Folgen der Globalisierung sollte er sie etwa mit einem Grundeinkommen bewahren (denn so erhält der Staat den Schwächsten ihre Freiheit und schützt sie vor ihrer zweiten existentiellen Bedrohung, nämlich vor seiner eigenen, staatlichen Sozialbürokratie). Und er soll regulieren, wo es sein muss: Der Nationalstaat bleibt der nach wie vor einzig denkbare Rahmen rechtlicher Regelungen. Zugleich weisen friedliche und militante Proteste rund um den Erdball auf die Notwendigkeit globaler Regulierungen hin, weil die Nationalstaaten mit den globalisierten Wirtschaftsmächten nicht zurechtkommen. Einen Weltstaat wird es in absehbarer Zeit nicht geben; aber Annäherungen an eine Weltzivilisation, eine Weltgesellschaft sind sichtbar.

Darin bestünde die Alternative zur autoritären Wende, zum bösen unfreien Machtstaat und zum bösen, entmachteten wirtschaftsdominierten Schwachstaat: In der Neuerfindung des Wohlfahrtsstaats, welche die berühmte »Wiederkehr des Politischen« in moderner, transnationaler und fairer Form öffentlich zu denken versucht. Der Philosoph Georg Kohler hat die Aufgaben dieser Wiederkehr so skizziert: Erstens »Verfassungsstrukturen als Erfindungsgeist« (der Transnationalstaat will neuartig konstruiert sein); zweitens »handlungsleitende Willensbildung als kluge Fairnessbereitschaft« (ohne Verzicht gibt es keine transnationale Gemeinschaft). Und drittens – noch einmal Kohler – geht es um »Aufmerksamkeit und Verständigungsinteresse«[6]. Unter diesen Voraussetzungen wäre eine Neuformulierung von Politik nicht nur sinnvoll, sondern notwendig, um eben unser aller Schutz vor dem Egoismus der Ökonomie zu gewährleisten, die uns reich macht, aber nicht frei; die höchstens den Grund zu unserer Freiheit legt.

Damit wären denn die Klötzchen noch einmal in folgende Reihenfolge gefallen: STAAT MACHT FREIHEIT. Dass uns der Staat zuletzt auch von sich selber frei macht, dürfen wir nicht erwarten, darum müssen wir uns selbst bemühen. Wir selber schützen uns vor dem Staat, indem wir uns der von ihm garantierten Grundrechte bedienen, um ihn und seine

6 Wozu Politik? Zur demokratiepolitischen Bedeutung der aktuellen Politikverdrossenheit. In: Die Ordnung des Politischen, Hg. Boris Marte u. a., Frankfurt am Main 1999 (Campus)

Praxis immer wieder neu in Frage zu stellen. Das tun wir in der ÖFFENTLICHKEIT; wenn es die denn überhaupt noch gibt. Nicht zuletzt darin, ob es sie gibt, ob Teile der Bevölkerung wirklich über sich selbst verhandeln und mitbestimmen können, entscheidet sich der Jongleurakt der drei Begriffe; aber dieses fünfte Klötzchen wollen wir so spät nicht auch noch in die Luft werfen.

Heinz Rudolf Unger

ZWISCHENFALL BEI WELKENRAEDT

Der Wirt vom »Goldenen Löwen«, der das Eisenbahnunglück beobachtet hatte, konnte natürlich nicht wissen, dass er zugleich ahnungsloser Zeuge einer ungleich größeren Katastrophe gewesen war, die sich ebenfalls vor seinen Augen abgespielt hatte, deren Tragweite er aber nicht erkennen konnte. Er hätte wohl ungläubig gelacht, wenn jemand allen Ernstes behauptet hätte, dass er in Wirklichkeit nicht nur Augenzeuge eines bedauerlichen Zwischenfalls, sondern vielmehr des eigentlichen Beginns eines Weltkriegs gewesen sei. Und er hätte zu seinem semmelblonden Schankburschen gesagt: »Bertrand, schmeiß den Kerl raus, er ist total besoffen!«
Er stieß zwei volle Bierkrüge aneinander, dass der Schaum nur so spritzte, um seinen Gästen anschaulich zu demonstrieren, wie die beiden Lokomotiven zusammengestoßen waren, wie sie sich aufgebäumt und ineinander verkrallt hätten wie kämpfende Saurier. Glühende Kohlenbrocken seien durch die Luft geflogen, erzählte er, das Kreischen der blockierten Räder sei unerträglich gewesen, weit über der Schmerzgrenze. Dazu der zischende Dampf und das Tuten der Signalsirene. »Wie ein waidwunder Drache«, sagte der Wirt, der seit dem erschreckenden Ereignis am Morgen immer mehr ins dramatische Fach hineinwuchs.
Der »Goldene Löwe« war rammelvoll an diesem heißen Juliabend, Zigarrenrauch hing in schweren Wolken über den Tischen. Bertrand, ein stämmiger Flame, hatte alle Hände voll zu tun und Marte, die Serviererin, kämpfte sich resolut mit übervollen Tabletts durch die Menge. Sogar ein Journa-

list des Kreisblatts war angereist, äugte durch seinen Kneifer, machte sich eifrig Notizen und unterbrach die Ausführungen des Wirts immer wieder mit überflüssigen Fragen.

»Glauben Sie, dass menschliches Versagen die Ursache war?«

Der Wirt stand hinter den kupferglänzenden Zapfhähnen und zuckte mit den Schultern. »Woher soll ich das wissen, Monsieur? Morgen kommt die Kommission aus Brüssel, die wird das alles genau untersuchen. Man sagt, der Weichensteller sei schuld, aber bewiesen ist noch gar nichts.«

Er verschwieg wohlweislich, dass der Weichensteller und Schrankenwärter Maxim, der nun in Polizeigewahrsam saß, in der Nacht zuvor im »Goldenen Löwen« seinen Liebeskummer in einem wahren Ozean von Bier ertränkt hatte.

Dann referierte er weiter genüsslich den Hergang des Unglücks, während Bertrand Bier um Bier zapfte. Wie der Tender aus den Schienen gesprungen war und sich quer gestellt hatte, wie bei einer Spielzeugeisenbahn. Der Postwaggon dahinter verkeilte sich, Bretter und Stahlteile flogen, ein Rad sprang rollend über die Böschung. Beinahe, sagte der Wirt, beinahe hätte es so ausgesehen, als würde das ganze Schlamassel den Damm herunterstürzen.

»Kein Stein wäre auf dem andern geblieben«, steigerte sich der Wirt in eine Schreckensvision hinein, »stellen Sie sich vor, diese Gaststube hätte ausgesehen wie das Ende der Welt!«

Aber zum Glück sei alles glimpflich abgelaufen. Bis auf den Sachschaden natürlich, und der musste gewaltig sein. Nur die Lok, der Tender und der Postwaggon waren aus den Schienen gesprungen. Die anderen Waggons wurden später abgekoppelt und standen wie zum Abholen bereit. Gegen Mittag war eine Ersatzlokomotive aus Liège angedampft und hatte diesen Teil des Zugs bis zur Abzweigung nach Eupen zurückgezogen, dann über ein Nebengeleise an der Unfallstelle herumgeführt und nach Brüssel gebracht.

Diese Stille danach! Unheimlich sei die gewesen. Dann verwirrte Rufe. Später hatte sich herausgestellt, dass es nur ein paar leicht Verletzte gegeben hatte, ansonsten nur blaue Flecken. Der Heizer hatte Verbrennungen erlitten, der Lokomotivführer einen Schock. Zufällig hatten sich unter den Passagieren gleich mehrere Ärzte befunden. Falls man das einen Zufall nennen will. Überhaupt waren in diesem Zug merkwürdig viele honorige Persönlichkeiten aus allen möglichen Ländern unterwegs gewesen, Professoren, Honoratioren, Politiker – als wären sie zu einem internationalen Kongreß angereist.

Woran er das erkannt habe, wollte der Redakteur des Kreisblatts wissen. Ob er ihre Personalien aufgenommen habe? Oder hatten sie sich vorgestellt? Der Kerl mit seiner ewigen Neugierde ging ihm allmählich auf die Nerven.

»Ich bitte Sie, Monsieur«, sagte der Wirt, »so etwas sieht man doch!« Wenn man ein intelligentes Wesen ist, wollte er noch hinzufügen, verschluckte es aber noch rechtzeitig. Bei der Presse ist immer Vorsicht geboten. Er raunte Bertrand zu, dem Mann ein Bier auf Kosten des Hauses hinzustellen, und begann dann zu schildern, wie sich die Waggontüren allmählich öffneten und ein verwirrter Reisender nach dem anderen ausstieg, bis sie schließlich fast alle auf dem Bahndamm herumstanden. Wie ein versprengter Schwarm Zugvögel auf einer Zwischenrast.

Nein, das waren nicht irgendwelche Handelsreisenden, das war bei Gott nicht Hinz und Kunz, ernst zu nehmende Männer waren das, Charakterköpfe, Männer mit eindrucksvollen Bärten, Männer, die würdevoll durch ihre Zwicker oder Monokel blicken konnten, Männer in guten Röcken, denen goldene Uhrketten vor den Westen baumelten. Kurz gesagt, Männer, die ganz offensichtlich Einfluss hatten in der Welt.

»Da war auch eine Dame«, erinnerte ihn Bertrand.

Ach ja, die Dame! Da konnte man beobachten, dass die Damenmode mit der Entwicklung der Technik nicht Schritt hielt. Zunächst hatte die Dame ziemliche Mühe beim Aussteigen, weil ihr breitrandiger Hut nur durch die schmale Wagentüre passte, wenn sie den Kopf zur Seite neigte. Dann

wieder war es äußerst kompliziert, in ihrem langen Rock die Trittleiter herunterzusteigen.
»Aber da hättet ihr diese Herren sehen sollen«, erzählte der Wirt, »die kamen angesprungen wie junge Kavaliere, ein Dutzend Arme streckten sich ihr entgegen, und wenn es nötig gewesen wäre, dann hätten sie die Dame auf Händen heruntergetragen. Diese Dame muss eine besondere Dame gewesen sein, eine sehr besondere Dame. Und als ich nun alle diese Persönlichkeiten so verloren da oben neben den Geleisen herumstehen sah, kam mir plötzlich eine Idee ...«
Er erzählte, dass er Marte befohlen hatte, die Tische im Gastgarten zu decken. »Nimm die guten Tischtücher«, hatte er ihr zugerufen. Dann war er hinausgelaufen, den Hang hinauf gekeucht, hatte eine artige Verbeugung gemacht und die Herrschaften freundlich eingeladen, sich doch im »Goldenen Löwen« von dem Schreck zu erholen und sich zu erfrischen.
Es war allen klar, dass an eine Weiterfahrt zunächst nicht zu denken war. Erst stiegen ein paar und bald darauf die meisten anderen den Hang herab. Dabei sei ihm aufgefallen, wie klein und zart diese sonderbare Dame gewesen sei. Binnen kurzem saß eine illustre Gesellschaft an den Tischen unter den Obstbäumen. Bertrand brachte Bier und Limonaden und Marte richtete in der Küche hastig kleine Teller mit Salaten her.
An dieser Stelle fiel der flämische Schankbursche seinem Brotherrn ins Wort. Schließlich hatten er und Marte alles in vorderster Front erlebt. »Es waren nur wenige Franzosen darunter«, berichtete er, »etliche Tschechen oder Polen, und mehrere Deutsche und Österreicher.«
Woher er das wissen könne, fragte der Redakteur des Kreisblatts.
Bertrand lächelte nachsichtig. »Bewohner eines Grenzlandes sind meistens mehrsprachig, Monsieur«, sagte er selbstgefällig.
»Aber«, fragte der Journalist, »wie können Sie die deutsch

sprechenden Deutschen von deutsch sprechenden Österreichern auseinander halten?«
Der Wirt ergriff wieder das Wort: »Natürlich aus dem Zusammenhang der Gespräche, Monsieur. Sehen Sie, außer Flämisch versteht unser Bertrand auch Deutsch und Französisch. Und diese besondere Dame, woher immer sie auch sein mochte, parlierte mit den Deutschen deutsch, mit den Franzosen französisch, mit den Polen polnisch, und wer weiß mit wem sonst noch ...«
»Ich servierte ihr Limonade«, erzählte Bertrand, »und sie bedankte sich in mehreren Sprachen, so als wolle sie absolut sicher gehen, verstanden zu werden. Sie hatte an einem Tisch am äußersten Rand des Gartens Platz genommen, aber es war förmlich spürbar, wie ihr Platz zum Zentrum der Gespräche wurde.«
Und das Sonderbare sei gewesen, mischte sich der Wirt wieder ein, dass die ganze Gesellschaft kaum ein Wort über ihre gegenwärtige prekäre Situation verlor, niemand fragte etwa, wie es weitergehen solle, ob der Zug weiterfahren könne oder auf welche Art sie sonst nach Brüssel gelangen könnten. Nein, sie hätten ganz andere Dinge diskutiert.
»Worüber sprachen sie dann«, fragte der Journalist.
»Politik«, erklärte Bertrand wichtigtuerisch. »Nichts als Politik, Weltpolitik, Staatspolitik.« Und es seien äußerst erregte Gespräche gewesen, Gespräche über Krieg und Frieden, über Macht und Ohnmacht, über Freiheit und Tod.
»Mein Gott«, ätzte der Redakteur des Kreisblattes. »Wie pathetisch!«
In der Tat, fuhr Bertrand fort, ein Franzose sei aufgesprungen und habe mit großer Geste ausgerufen: »Wir haben die Pflicht, darauf zu bestehen, dass die französische Regierung energisch mit Russland spricht, damit es sich aus dem Konflikt fern hält, und tut Russland das nicht, dann ist es unsere Pflicht, zu sagen: Wir kennen nur einen Vertrag! Den Vertrag, der uns an die Menschheit bindet!«
Dann sei dieser Herr aus Österreich gewesen, der sich ständig rechtfertigte, als stünde er vor einem Femegericht. »Während

wir hier in diesem idyllischen Garten sitzen«, habe er ausgerufen, »ist die Depesche mit der Kriegserklärung der österreichischen Regierung an die Serben bereits unterwegs!«
Die Dame aber habe mit der flachen Hand auf den Tisch geschlagen und dabei das Limonadeglas umgestürzt. Und während Bertrand mit der Serviette die vergossene Flüssigkeit auftunkte, habe sie erregt gerufen: »Wir hätten es in der Hand, ein Völkergemetzel zu verhindern. Wer denn wenn nicht wir vertreten die mächtigsten Arbeiterparteien der Welt, vertreten jene Massen, die schließlich aus den Fabriken an die Front und in den Tod marschieren werden? Wir hätten die Macht, wenn wir sie uns nähmen, die Macht, eine Katastrophe zu verhindern! Wenn wir jetzt ›nein‹ sagen, dann wird ein Weltkrieg unmöglich sein!«
Der Redakteur des Kreisblatts lachte auf: »Das wäre dann allerdings eine Sensation für die Seite eins. Aber«, fuhr er nach einer Nachdenkpause fort, »es ist unmöglich!«
Das habe der Österreicher auch gesagt, fuhr Bertrand fort. Die anderen applaudierten ihr, aber dieser Herr aus Österreich winkte resigniert ab: »Wir haben bis jetzt gegen den Krieg gekämpft«, sagte er matt, »aber es ist aussichtslos! Ich bin nicht da, um eine Volksversammlung zu halten, sondern um euch die Wahrheit zu berichten. Unsere Presse ist unterdrückt. Wir haben den Ausnahmezustand und das Kriegsrecht. Wer bei uns demonstriert, riskiert das Gefängnis ...«
Hier sprang die Dame auf, hielt ein Telegramm hoch und rief den anderen zu, in Berlin hätten Zehntausend unter den Linden demonstriert, in Petersburg seien mehr als Zweihunderttausend in Streik getreten.
Aber der Österreicher schüttelte resigniert den Kopf: »Unsere Arbeiterschaft hat gegen die Kriegstreiberei das Äußerste getan. Aber erwartet von uns keine Aktion mehr. Glauben Sie mir, der Krieg hat in den Köpfen doch schon längst begonnen.«
Der Franzose sprang auf und rief: »Sie werden es nicht wagen! Und wenn, dann haben wir immer noch unsere Internationale!«

Aber die meisten in der Gesellschaft waren nachdenklich geworden und nippten in sich gekehrt an ihren Gläsern, erzählte Bertrand, während er immer neue Bierkrüge füllte. Die Dame habe bis zuletzt – das heißt bis zum Eintreffen der Ersatzlokomotive – erregt argumentiert und appelliert. Dass es sich keine Regierung der Industriestaaten leisten könne, gegen den Widerstand ihrer organisierten Arbeiter, des größten Anteils ihrer Bevölkerungen, einen Krieg zu beginnen. Wenn diese Arbeiter einig wären und wenn sie in allen Ländern zur gleichen Zeit »nein« sagen und streiken würden.

»Das sind doch Seifenblasen«, warf der Redakteur des Kreisblatts an dieser Stelle ein.

»Und doch wäre es möglich«, sagte Bertrand. »Die Dame sagte, dass es möglich wäre. Und dass ein Krieg damit unmöglich wäre.«

»Unmöglich«, ätzte der Redakteur.

»Das hat sie gesagt«, wiederholte Bertrand.

»Ich meinte aber«, sagte der Redakteur, »unmöglich, einen Krieg zu verhindern!«

Bertrand zuckte mit den Schultern und meinte, gegen Ende sei die Dame in der Tat leiser geworden, habe den Kopf unter dem breiten Hut sinken lassen, und als der Zug schließlich zur Abfahrt nach Brüssel bereitstand, sei sie blaß und schweigend aufgestanden. Der Franzose habe ihr den Arm geboten und tröstend, wie zu einer Kranken, gesagt: »Kommen Sie, Rosa!« Dann seien sie eingestiegen.

Und der Zug sei abgefahren.

Vladimir Vertlib

TAXIFAHRT

»Wo ist nur mein Zauberstab?«, fragte Herr Utkowsky und sah sich ein weiteres Mal im Wohnzimmer um. »Wissen Sie«, sagte er kichernd, »in meinem Alter macht mich erst so ein langer Holzstock zum ganzen Mann, abgesehen davon, dass ich ohne ihn natürlich keinen Schritt tun könnte.«
»Haben Sie das Gas abgedreht?«, fragte ich.
Der alte Mann brummte, dass er schon wisse, was er zu tun habe, und dass seine Wohnung in den vergangenen fünfunddreißig Jahren kein einziges Mal gebrannt habe.
»Ist das ein Grund, dass sie jetzt brennen soll?«
Der Mann murmelte etwas von alleswissenden Rotznasen, humpelte noch einmal durch alle Räume, drehte den Gashahn ab, schaltete das Licht im Badezimmer aus, band sich mit einiger Mühe eine Krawatte um, schlüpfte in ein abgewetztes Sakko, fand endlich in einem Spalt zwischen Kleiderschrank und Nachtkästchen den »Zauberstab« und ging aus der Wohnung. Das vor der Haustür wartende Taxi hupte gerade zum vierten Mal.
»Ich komm ja schon«, knurrte Utkowsky. »Früher waren die Taxifahrer viel kulanter, da hießen sie bei uns noch alle Franzl, die Taxifahrer, weiß nicht warum.«
Ich half Herrn Utkowsky, die Stufen zu bewältigen. Unten angelangt, begrüßte der alte Mann den Taxifahrer wie jeden Morgen: »Servus, alter Freund und Droschkenkutscher. Fährt er überhaupt noch, dein Rostkübel?« Und wie jeden Morgen musterte ihn der Taxifahrer spöttisch, sagte nichts und spuckte über die rechte Schulter.

Frau Kraska wohnte nur wenige hundert Meter entfernt im selben Wohnblock. Als ich die Wohnungstür öffnete, stand die alte Frau reisefertig vor mir.
»Ah, Herr Daniel!«, rief sie mit der Stimme eines Papageis, der eine Opernsängerin imitiert. »Der fesche Herr Daniel! Na, da bin ich froh, dass Sie mich abholen und nicht der düstere Herr Bernhard mit der unreinen Haut. Darf ich mich bei Ihnen einhängen?«
»Haben Sie ...?«
»Natürlich, natürlich, Gas und Licht abgedreht, was glauben denn Sie?« Ich machte dennoch eine Runde durch die Wohnung.
»Der Herr Bernhard ist nicht düster, sondern nur ernst und konzentriert«, verteidigte ich meinen Zivildienerkollegen. »Und was die unreine Haut betrifft ...« Ich stockte, weil mir nichts dazu einfiel.

»Ja, ja, er ist nett, der Herr Bernhard, aber nichts im Vergleich zu Ihnen, Herr Daniel«, sagte Frau Kraska, wobei sie meine Hüfte umschlang. »Haben Sie aber viele Haare auf der Brust.« Mit ihrer anderen Hand griff sie nach meinem Hemdkragen.
»Halten Sie sich lieber am Geländer fest, sonst rutschen Sie noch aus und ich krieg Ärger.«
»Alles was Sie wollen, fescher Herr Daniel«, sagte die Frau im Singsang und setzte sich ächzend in Bewegung. Zuerst stellte sie den rechten Fuß auf die erste Stufe, belastete ihn mit der ganzen Masse ihres korpulenten Körpers (»Ooooch!«), zog den linken Fuß nach (»Au!«), verschnaufte kurz. Für die vier Treppen vom zweiten Stock hinunter brauchte sie zehn Minuten.
»Oje, der Prolet sitzt auch schon wieder im Auto!«, schrie sie, als sie Herrn Utkowsky auf dem Rücksitz des Taxis erblickte.
»Da schau her, die verwelkende Blüte des Abendlandes hat die Stufen erfolgreich überwunden«, meinte dieser. »Und? Heute wieder auf Männerfang?«, fragte er, als er Frau Kras-

kas Hand auf meiner Taille sah. Sie verdrehte die Augen und seufzte, konnte aber nur schwer ein Lächeln unterdrücken.

Fünf Minuten später hielt das Taxi vor einem dreistöckigen Altbau. Ich drehte an der Klingel einer Wohnung im Erdgeschoß. Das metallische Krächzen hallte im leeren Gang wider. Ich drehte noch einige Male, bevor ich aus dem Inneren der Wohnung ein leises Scharren vernahm. Endlich öffnete sich die Tür. In der Halbdämmerung der Küche erkannte ich ein verschlissenes Nachthemd, ein schmales Gesicht, verschlafene Augen. Die Frau runzelte die Stirn und lächelte. Sie zitterte am ganzen Körper.
»Frau Hallwang! Haben Sie denn vergessen, dass Sie heute ins Tageszentrum fahren?«, fragte ich.
»Tageszentrum?«
»Ins geriatrische Tageszentrum, so wie jeden Dienstag und Donnerstag.«
Das Zittern wurde stärker. Frau Hallwang litt an multipler Sklerose.
»Mein Gott, ja natürlich! Sie holen mich ja heute ab, Herr Bernhard«, sagte sie mit leiser Stimme.
»Ich bin Daniel.«
»Ach so?«
»Ich muss es ja wissen.«
»Oh! Sein S' mir nicht bös, Herr Daniel ... Es sind einfach schon zu viele Gesichter an mir vorbeigezogen in meinem Leben.«
»Ziehen Sie sich bitte an, Frau Hallwang«, sagte ich.
Die Frau schleppte sich ins Wohnzimmer und kam einige Minuten später in einem erdfarbenen Kleid und in dunkelblauen Stiefeletten zurück. Unten hupte der Fahrer schon zum fünften Mal. Und Herr Utkowsky rief beim Anblick von Frau Hallwang vergnügt: »Da schau her, die fesche Katz fährt heut mit uns, was für eine Ehre!«

»Meine liebe, gute Freundin«, tönte Frau Kraskas Stimme hinter meinem Rücken, »wie schaust du denn aus? Was hast

du da für einen Fetzen an? Der schaut ja aus, als ob eine Panzerkolonne drübergefahren wäre.«
»Das ist mir wurscht«, meinte Frau Hallwang und warf einen kurzen Blick auf ihr Kleid.
»Aber liebste Freundin, was sollen denn die anderen von dir denken? Du bist doch dir und den anderen was schuldig, schließlich bist du eine der Jüngsten bei uns. Du könntest dich so fesch herrichten.«
»Ich hab meine Zähne vergessen«, sagte Frau Hallwang.
»Die brauchen S' eh nimmer, die Zähne«, meinte Herr Utkowsky. »Außerdem sind Sie auch so fesch genug. Sie gefallen mir, Frau, wissen S' das.« Und er langte zu ihr hinüber und tätschelte ihre Wange.
»Ja, ja«, sagte Frau Hallwang, »ist schon gut.« Sie stieß seine Hand weg. »Was soll ich denn ohne Zähne machen? Ich kann doch nicht kauen und das Mittagessen im Tageszentrum schmeckt mir immer so gut.«
»Wollen S' meine?«, fragte plötzlich Herr Utkowsky. Er riss den Mund auf, holte mit einer gekonnten Handbewegung sein Gebiss heraus, machte mit dem Unterkiefer ein paar Kreisbewegungen, bevor er langsam und vorsichtig den Mund wieder schloss, und reichte das Gebiss Frau Hallwang. »Probieren Sie, vielleicht passen sie Ihnen.«
Der Taxifahrer kicherte und schnalzte mit der Zunge.
»Also wirklich, was fällt Ihnen ein, Sie alter Esel«, schrie Frau Kraska, »Ihre stinkenden Kunstzähne, Ihr Speichel und Ihr ekliger Mundgeruch, igitt. Das ist ja eine richtige Sauerei so was, eine richtige Sauerei.«
»Heute verwendest du aber gar viele Kraftausdrücke«, bemerkte Frau Hallwang.
»Gar viele? Also, liebste Freundin, was redest du denn so geschwollen daher?«
»Gar viele Leut auf dieser Welt sind mir schon unterlaufen«, erklärte Frau Hallwang.
»Was? Wie?«
»Unsere Frau Hallwang ist eine Dichterin, jetzt wissen wir's!«, stellte der Taxifahrer fest.

»Ich habe meine Zähne vergessen«, erklärte Frau Hallwang. Ich seufzte und schaute auf die Uhr. Wir waren spät dran. Um halb neun sollten wir im Tageszentrum sein.
»Du mit deinen Zähnen«, lachte Frau Kraska. »Wir haben alle unsere kleinen oder größeren Wehwehchen. Da gibt's viel Schlimmeres. Am schlimmsten sind die Verwirrten dran. Die Senilen. Und natürlich die mit dem Alzheimer. Die wissen gar nicht mehr, wer sie sind!«
»Die werden eh alle bald sterben«, meinte Utkowsky.
»Ja, sicher, sterben werden wir alle bald, lieber Herr«, sagte Frau Hallwang. »Und geben Sie endlich Ihre Hand weg! Die Zeiten sind nun einmal vorbei, als Sie Frauen streicheln durften.«
»Wisst ihr, ich sage euch eines«, erklärte Frau Kraska. »Ich denk mir, und nehmt es mir nicht übel, aber bei einigen Sachen hatte Hitler schon Recht ...«
»Wie bitte?«, fragte ich.
»Das mit den Juden war ein Fehler«, erklärte sie, »und auch viele andere Dinge. Und dann der Krieg. Aber, dass der Hitler alle diese armen Menschen töten hat lassen, die Verrückten, die Senilen, das war richtig, sogar human. Ab in die Gaskammer und Schluss. Da waren sie dann erlöst. Wozu soll man Menschen auch unnötig quälen. Und was deren Pflege kostet!«
»Heute dreht sich sowieso alles nur ums Geld«, meinte Herr Utkowsky. »Ich habe der Zentrumsleiterin, der Frau Renate, mein Sparbuch gegeben, nicht das große, das brauch ich fürs Begräbnis und den schönen Grabstein, aber das kleine, sonst hätt sie mich gar nicht aufgenommen ...«
»Pschscht!«, zischte Frau Kraska. »Sind Sie verrückt geworden! Laut über so was zu reden!«
»Wer frei sich fühlt, der offen spricht«, verkündete Frau Hallwang, »wer Angst hat, dessen Stimme bricht.«
»No servas!«, brummte der Taxifahrer.
»Früher war alles gerechter«, erklärte Herr Utkowsky. »So ein geriatrisches Tageszentrum ist ja eine staatliche Einrichtung. Da hätte das richtige Parteibuch ausgereicht, um zu

kriegen, was einem zusteht. Das war unter den Roten so und unter den Schwarzen und auch unter den Braunen war's nicht viel anders. Heute bist du allen egal, da kannst du schreien, so viel du willst. Wer frei sich fühlt, der offen spricht ... Ha, ha. Na und! Nur wer Geld hat, dessen Stimme bricht nicht.«

»Und sehr bald, Freunde«, bemerkte Frau Hallwang, »liefert man uns alte Leute wie die alten Pferde beim Abdeckerbauern ab, weil keiner mehr bereit ist, uns bis zum Tod durchzufüttern.«

»Also das ist übertrieben!«, entgegnete der Taxifahrer. »Bald gibt's ja so viele von euch Alten, dass ihr euch bestimmt nicht einfach umbringen lasst. Eher noch müssen wir uns vor euch fürchten.«

»Wären die Nazis an der Macht geblieben, wär unser Sozialsystem bestimmt nicht so kaputt wie heute«, meinte Frau Kraska. »Die haben wenigstens dafür gesorgt, dass die Gesellschaft im richtigen Gleichgewicht bleibt, die Nazis. Alt war alt und jung war jung und jedem das Seine. Na gut, das mit den Juden war natürlich ein Fehler.«

»Sie, Frau, hören S' zu«, sagte Herr Utkowsky und seine Stimme wurde von einem Augenblick auf den anderen lauter, »der Hitler war ein Verbrecher, der hat Millionen von Menschen hingemordet im Krieg. Ich selber hab einen Lungendurchschuss abgekriegt. Aber das mit den Juden war richtig! Da hätt er ruhig noch mehr umbringen können, der Hitler.«

Frau Kraska lachte. »Sie sind mir vielleicht einer. Was haben Sie denn gegen die Juden? Unser Hausarzt war zum Beispiel Jude. Das war damals, als ich noch jung war. Löwenstein hieß er oder Löwenberg oder Löwenhaus, ich weiß es nicht mehr genau. Der war immer nett. Dann, nach dem Anschluss, war er natürlich weg, unser Doktor. Nach dem Zusammenbruch ist er auch nicht mehr zurückgekommen.«

»Also mir können die alle gestohlen bleiben!«, meinte Herr Utkowsky, »Betrüger waren sie und Gauner. Gut, dass sie weg sind, deshalb geht's uns jetzt auch besser als früher, als

uns das ganze Gesindel das Blut aus den Adern gesogen hat.«
Der Fahrer schwieg. Ich fühlte, wie mir das Blut ins Gesicht schoss. Frau Kraska lachte noch ein wenig und schüttelte den Kopf.
»Sie sind mir ja ein komischer Kautz«, sagte sie, »wollen noch mehr Juden umbringen, sind überhaupt ein rauer Typ, ein Schläger.«
»Bald schlägt's dreizehn«, erklärte Frau Hallwang. »Und wenn's dreizehn schlägt, kann man nur eines tun – aus dem Fenster schauen, ein altes Liedchen singen vielleicht oder fernsehen, da ist dann auch bald der Abend um. So ist das Leben ein ewiges Abgleiten.«

Nach dem Frühstück fanden Bernhard und ich Herrn Utkowsky im Raucherzimmer des Tageszentrums. Sein Gesicht wirkte hinter dem weißlichgelben Qualm seiner Pfeife verzerrt, spitzer und jünger. Ich fragte ihn, was er über Adolf Hitler und die Juden denke, und der alte Mann wiederholte bereitwillig alles, was er schon im Taxi gesagt hatte. Weder wurde er misstrauisch noch wirkte er überrascht.
»Warum sind Sie denn ein solcher Judenhasser?«, fragte Bernhard.
»Das sag ich Ihnen, junger Freund«, antwortete Herr Utkowsky. »Meine Schwester war als junges Mädchen bei einem jüdischen Textilwarenhändler beschäftigt. Der hat sie mies behandelt, hat sie unbezahlte Überstunden machen lassen, herumgehetzt hat er sie, ausgenutzt und später dann entlassen ... Ja, die Zeiten waren hart damals, unsere ganze Familie war auf diesen kargen Lohn angewiesen. Bettelpack hat er uns genannt, der Saujud. Na ja, als der Hitler gekommen ist, war er nicht mehr so hochmütig, aber abhauen hat er noch können, weil er so reich war. Ich hab mir dann später gedacht: jammerschade, dass sie gerade den nicht erwischt haben.«
»Und ein Christenmensch hätte sich nie so verhalten wie jener Textilhändler?«, fragte Bernhard.
»Was weiß ich ... Es gab schon auch Christen, die waren in

ihrem Charakter so mies wie richtige Israeliten, aber die Juden, die echten Juden, meine ich, die reinrassigen, die sind allemal noch schlimmer. Umbringen könnt ich sie!«
»Dann müssen Sie mit mir beginnen, Herr Utkowsky«, sagte ich. »Ich bin nämlich Jude.«
»Wissen S'«, sagte der alte Mann ruhig, »so wie Sie ausschauen, hab ich mir das schon gedacht. Aber Sie würd ich natürlich nicht umbringen. Es gibt ja auch Juden, die sich christlich benehmen, so wie Sie, weil's nie eine Regel ohne Ausnahme gibt.«

Am nächsten Morgen wurde ich ins Büro der Zentrumsleiterin Renate Gruder gerufen. Nachdem sie die Tür geschlossen hatte, schenkte mir die Frau ein Glas Wein ein, was ungewöhnlich war, da der Konsum von Alkohol im Zentrum verboten war. Sie habe am Vortag mit Herrn Utkowsky gesprochen, erzählte Gruder. Der alte Mann habe geweint und gebettelt. Wenn er aus dem Tageszentrum ausgeschlossen werde, müsse ihn wieder seine Schwester pflegen, eben jene Schwester, die angeblich von einem jüdischen Arbeitgeber so schlecht behandelt worden sei. Und die Schwester sei eigentlich selbst schon ein Pflegefall. Er wolle ihr nicht zur Last fallen, aber sterben wolle er auch nicht, habe Herr Utkowsky erklärt. Ein Ausschluss aus dem Tageszentrum käme einem Todesurteil gleich.
»Ich habe nie verlangt, dass der Mann ausgeschlossen wird«, sagte ich. »Wenn ich gewusst hätte, dass dieses Gerede im Taxi für den alten Mann den Hinauswurf aus dem Tageszentrum ...«
»Ja, nun warten Sie ...«
»... bedeutet, hätte ich diese Sache sicher nicht ...«
»Lassen Sie mich doch ausreden! Ich habe Herrn Utkowsky angeboten, er solle sich bei Ihnen für das, was er über die Juden gesagt hat, entschuldigen. Wenn er das tut, darf er bleiben. Ausnahmsweise! Denn ich dulde in meiner Einrichtung keine Geisteshaltung dieser Art. Ich weiß gar nicht, ob ich Frau Kraska behalten werde ...«

»Die sollte sich vielleicht bei Frau Sänger, die an Alzheimer leidet, entschuldigen«, schlug ich vor.
Die Zentrumsleiterin sah mich streng an. »Ich meine es ernst!«, sagte sie. »Sind Sie einverstanden, wenn Herr Utkowsky sich bei Ihnen entschuldigt? Und glauben Sie mir, einen Mann wie Herrn Utkowsky, einen Mann seiner Generation, kostet es viel Überwindung, sich bei jemandem zu entschuldigen.«
»In Ordnung!«, sagte ich nach einigem Zögern ... Hatten mir meine Eltern nicht von klein auf erklärt: *Was immer du tust, »für die« bist du in erster Linie ein Jude. Vergiss nie, dass von deinem Verhalten immer auf das Verhalten aller Juden geschlossen wird. Deshalb musst du rechtschaffener sein als andere ...* Warum also sollte ich nicht im Namen aller Juden – der Lebenden? der Ermordeten? – eine Entschuldigung annehmen können? Das war zwar ungeheuerlich, es war unrecht, aber dennoch irgendwie zulässig, wie mir schien. Zuviel wollte ich darüber auch nicht nachdenken mit meinen knapp zwanzig Jahren ...

Herr Utkowsky humpelte ins Büro. Im Ausdruck seiner weit aufgerissenen Augen glaubte ich außer Angst auch Trotz und Scham zu erkennen. Ich überlegte mir, welches dieser Gefühle wohl überwiegen mochte.
Der alte Mann zitterte. Er hatte einen grauen Anzug an, der ihm nicht mehr passte, schief saß, seine Krankheit und sein Alter noch mehr betonte. Die Krawatte war lose gebunden, das schüttere Haar in die Stirn gebürstet. In der gesunden Hand hielt er eine große Tafel Schokolade. Vorerst brachte er kein Wort heraus. Die Zentrumsleiterin musste ihn stützen. Als sie ihm einen Stuhl zuschob, schüttelte er energisch den Kopf. Seine Augen waren nur auf mich gerichtet.
»Die Frau Renate hat mich gebeten ...« Er räusperte sich einige Male, ehe er weitersprechen konnte. »Sie hat mich gebeten, dass ich mich bei Ihnen entschuldige. Frau Renate hat schon so viel für mich getan. Wenn sie nicht gewesen wäre, hätte ich den letzten Schlaganfall sicher nicht überlebt ...«

Gestützt von Frau Gruder machte er einige Schritte auf mich zu. Er tat mir Leid. »Ich ... entschuldige ... mich«, murmelte er. Ganz langsam zwängte er die Worte aus sich heraus. »Ich entschuldige mich«, sagte er lauter. Er schaute mir direkt ins Gesicht. Verhärtet und schon vom Tod gezeichnet erschien mir sein Blick und voller Hass.
Warum nur hatte ich über dieses Gespräch im Taxi nicht geschwiegen? Musste ich erst neu erlernen, was meine Eltern und Großeltern so gut beherrschten? Nicht zu hören, was man nicht hören sollte.
»Sie, Herr ... äh ... Sie, nehmen Sie meine Entschuldigung an?«, fragte der alte Mann. »Nehmen Sie meine Entschuldigung an?!« Seine Stimme überschlug sich beinahe.
»Ich nehme Ihre Entschuldigung an«, antwortete ich leise. Herr Utkowsky atmete tief durch und setzte sich.
»Na, Gott sei Dank!«, meinte Gruder. »Damit wäre das also geregelt.«
»Ich hab alles nicht so gemeint«, sagte der alte Mann. Ich wusste, dass er log, und er wusste, dass ich das wusste, deshalb erwähnte er das Wort Jude nicht mehr und beschränkte sich auf die Feststellung, dass er die Hitlerei mehr verabscheue als alles andere. »Einen Lungendurchschuss hab ich gehabt, Sie wissen's eh! Furchtbar war das alles, furchtbar!«
Dann erhob er sich mit Mühe, machte einige Schritte Richtung Tür, drehte sich aber plötzlich wieder um und reichte mir die Schokolade. »Da, für Sie!«, sagte er. »Also nehmen Sie doch schon! Eine kleine Aufmerksamkeit, Schweizer Schokolade, die beste Schokolade der Welt!«
»Danke!«, sagte ich. »Aber ich esse keine Süßigkeiten.«
Der alte Mann legte die Schokolade auf den Schreibtisch und humpelte hinaus.

Biographien

Isolde Charim, geb. in Wien, Studium der Philosophie in Wien und Berlin, Publizistin und Universitätslektorin für Philosophie in Wien. Buchpublikationen u. a.: *Österreich. Berichte aus Quarantanien, hrsg. gemeinsam mit Doron Rabinovici,* Suhrkamp 2000; *Der Althusser-Effekt. Entwurf einer Ideologietheorie,* Passagen 2001.

Ralf Dahrendorf, geb. 1929 in Hamburg, Soziologe und Politiker, lehrte in Hamburg, New York, Tübingen und Konstanz; 1970–1974 deutscher Vertreter in der EG-Kommission in Brüssel; 1974–1984 Rektor der London School of Economics; 1987–1997 Rektor des St. Antony's College in Oxford, gehört seit 1993 dem britischen Oberhaus an. Einer der wichtigsten Vertreter der liberalen Staats- und Gesellschaftstheorie in Europa. Zahlreiche Buchpublikationen u. a.: *Homo Sociologicus,* Westdeutscher Verlag 1959; *Europäisches Tagebuch,* Steidl 1995; *Ein neuer Dritter Weg? Reformpolitik am Ende des 20. Jahrhunderts,* Mohr Siebeck 1999.

Helmut Elsner, Generaldirektor der BAWAG und Vorsitzender des Aufsichtsrates der Österreichischen Postsparkasse.

Leopold Federmair, geb. 1957 in Oberösterreich, lebt als freier Schriftsteller und Übersetzer in Wien und Buenos Aires. Buchveröffentlichungen: *Die Gefahr des Rettenden,* Deuticke 1992; *Monument und Zufall,* Ritter 1994; *Der Kopf denkt in Bildern,* Ritter 1996; *Flucht und Erhebung,* Edition Selene 1997; *Mexikanisches Triptychon,* Edition Selene 1998; *Das Exil der Träume,* Edition Selene 1999; *Kleiner Wiener Walzer,* Edition Selene 2000; *Die kleinste Größe,* Edition Selene 2001.

Franzobel, am 6. 6. 66 in den Donauauen gezeugt, acht Monate und 25 Tage später zur dort Vöcklabruck heißenden Welt gekommen, hat sich schon als Kleinkind mit Politik, Sport und anderen Nebensächlichkeiten beschäftigt. Heute lebt er als freischaffender Schriftsteller vom Fingernägelkauen an der öffentlichen Hand. Franzobel ist Präsident der Jeden-Tags-Adventisten und Vorsitzender der Anti-Brake-Dance-Gesellschaft. Ausgezeichnet u. a. mit dem Ingeborg Bachmann Preis. Zuletzt, 2001, wurde *Mayerling* am Volkstheater gezeigt. Von den Büchern sind vor allem *Scala Santa oder Josefine Wurznbachers Höhepunkt*, Zsolnay 2000 sowie *Die Krautflut*, Suhrkamp 1995 zu empfehlen.

Margit Hahn, geb. 1960, lebt in Niederösterreich; erhielt u. a. 1996 den Österreichischen Förderungspreis für Literatur; Letzte Buchpublikationen: *Haut.Nah. Erzählungen*, Milena 1997; *Delikatessen. Erzählungen mit Originalgrafiken von Georg Koenigstein*, Literaturedition Niederösterreich 2001; *Tarot Suite. Roman gemeinsam mit Harald Friedl, Heinz Janisch, Norbert Silberbauer und Barbara Neuwirth*, Deuticke 2001.

Max Haller, geb. 1947 in Sterzing, Univ.-Professor für Soziologie und Leiter des Instituts für Soziologie an der Karl-Franzens-Universität Graz. Mitbegründer und Vizepräsident (1988–2001) der European Sociological Association. Zahlreiche Publikationen u. a.: *Theorie der Klassenbildung und sozialen Schichtung*, Campus 1983; *Identität und Nationalstolz der Österreicher. Gesellschaftliche Ursachen und Funktionen*, Böhlau 1996; *Beschäftigung in Europa, hrsg. gemeinsam mit Peter Schachner-Blazizek*, Leykam 2000; *The Making of the European Union* (2001, Hrsg.).

Wolfgang Hermann, geb. 1961 in Bregenz; Studium der Philosophie in Wien. Lebte von 1987 bis 1990 in Berlin, anschließend fünf Jahre in Frankreich (Paris und Aix-en-Provence). Zahlreiche Reisen mit längeren Aufenthalten, u. a. Sizilien, Tunesien, New York. 1996-98 Universitätslektor in Tokio. Nach dem Prosaband *Das schöne Leben*, Hanser 1988, zahlreiche Buchveröffentlichungen, zuletzt *Fliehende Landschaft. Roman*, Haymon 2000. Im Frühjahr 2002 erscheint *Das japanische Fährtenbuch*.

Peter Huemer, Dr. phil., geb. 1941 in Linz, Journalist und Historiker, Studium der Geschichte, Germanistik, Kunstgeschichte in Wien, ab 1969 Mitarbeiter in der Dokumentationsabteilung des ORF, 1977–1987 Leiter des »Club 2«, seit 1987 Leiter »Gespräche und Diskussionen« im ORF-Hörfunk. Publikationen: *Sektionschef Robert Hecht und die Zerstörung der Demokratie in Österreich,* 1975; *Im Gespräch,* 1993; *Unterwerfung. Über den destruktiven Gehorsam, hrsg. gemeinsam mit Grete Schurz,* 1990; *Viktor Matejka – Das Buch Nr. 3,* 1993. Daneben eine Vielzahl von Buchbeiträgen zur österreichichen Geschichte im 20. Jahrhundert. Mehrere Auszeichnungen und Preise.

Edith Kneifl, Dr. phil., geb. 1954 in Oberösterreich, lebt und arbeitet, nach längeren Aufenthalten in Griechenland und den USA, als Psychoanalytikerin und freie Schriftstellerin in Wien. Mehrere Literaturpreise und -stipendien, u. a. Glauser Preis 1992 für den besten deutschsprachigen Kriminalroman des Jahres; Übersetzungen in mehrere Sprachen; Drehbücher für Film und Fernsehen; Publikationen u. a.: *Museum der Schatten. Mit Lithografien von Rainer Wölzl,* Edition Thurnhof 1993; *Triestiner Morgen,* Heyne 1995; *Ende der Vorstellung,* Hoffmann und Campe 1997; *Auf den ersten Blick,* Diana 2001.

Ulrike Längle, geb. 1953 in Bregenz, Schriftstellerin, Literaturwissenschaftlerin, Leiterin des Franz-Michael-Felder-Archivs (Vorarlberger Literaturarchiv); Buchpublikationen u. a.: *Tynner,* Fischer 1996; *Il Prete Rosso,* Residenz 1996; *Vermutungen über die Liebe in einem fremden Haus,* Fischer 1998; *Bach Biß,* Isele 2000.

Hans Rauscher, geb. 1944 in Wien, ständiger politischer Kolumnist bei der Tageszeitung »Der Standard« und beim Nachrichtenmagazin »Format«. Studium der Zeitungswissenschaft und Geschichte in Wien; Auszeichnungen: Karl-Renner-Preis für Publizistik 1990, Österreichischer Preis für geistige Landesverteidigung 1994, Preis des »Presseclub Concordia« in der Kategorie »Pressefreiheit« 2001, Friedrich-Torberg-Medaille der Israelitischen Kultusgemeinde Wien 2001. Buchveröffentlichungen u. a.: *Vranitzky – eine Chance,* 1987; *1945 – Die Wiedergeburt Österreichs,* Böhlau 1995; *Waltraud Klasnic. Eine Politikerin neuen Stils an der Spitze der Steiermark,* Molden 2000.

Eva Rossmann, geb. 1962 in Graz, lebt im niederösterreichischen Weinviertel; zuerst Verfassungsjuristin, dann ORF-Hörfunk und »Neue Zürcher«; 1989–1994 Leiterin der Wiener Redaktion der »OÖ Nachrichten«, seither freie Journalistin und Autorin, Mitinitiatorin des österreichischen Frauenvolksbegehrens 1997. Zahlreiche Buchpublikationen, u. a.: *Unter Männern. Frauen im österreichischen Parlament*, Folio 1995; *Die Angst der Kirche vor den Frauen*, Folio 1996; *Ganz normale Frauen. 14 Frauen erzählen aus ihrem Leben*, Zsolnay 1998; *Wahlkampf*, Folio 1999; *Go media! Öffentlichkeitsarbeit und Kampagnenplanung*, ÖGB-Verlag 2000; *Freudsche Verbrechen*, Folio 2001.

Werner Schneyder, Dr. phil., geb. 1937 in Graz, aufgewachsen in Klagenfurt, lebt in Wien und Kärnten. Studium der Publizistik in Wien. Zunächst freier Journalist, Werbetexter, Dramaturg, seit 1965 freiberuflicher Autor. Ab 1974 politisch-literarisches Kabarett, zuerst im Duo mit Dieter Hildebrandt, in der Folge Solo; Theaterarbeit (Regie und Darstellung); Zeitungskolumnen, Lesungen. Buchveröffentlichungen u. a.: *Reimzeit. Gedichte,* 1995; *Schreibzeit. Satiren,* 1996; *Zeitspiel,* 1997; *Meinungen oder die Liebe und das Theater. Ein Bericht,* 1998; *Karrieren – oder das letzte Drittel entscheidet,* 2000 (alle Kremayr & Scheriau).

Julian Schutting, geb. 1937 in Amstetten, promovierter Historiker, lebt als freier Schriftsteller in Wien. Letzte Buchpublikationen: *Jahrhundertnarben. Politische Texte,* Residenz 1999; *Dem Erinnern entrissen. Gedichte mit mythologischen Bezügen,* Otto Müller 2001. 2002 erscheint im Droschl Verlag ein Essayband über das Schöne in der Natur und Kunst.

Peter Schwaiger, geb. 1968 in Steyr, lebt seit 1990 in Klosterneuburg. Teilnahme am Bachmann-Wettbewerb 1997; Aufenthalt am Literarischen Colloquium Berlin 1998; Mehrere Stipendien und Preise. Publikationen: *Kindermachen. Stories & Splitter,* Edition Pangloss 1996; *An Berger. Hörspiel,* Südwestfunk 1997/ORF 1998; *Der Felix oder Die verkehrte Welt,* Gabriel Verlag 1999; *Vito. Roman,* Haymon 1999. (Texte und Infos: www.peterschwaiger.com.)

Armin Thurnher, geb. 1949 in Bregenz, lebt und arbeitet in Wien und Primmersdorf, 1977 Mitbegründer, später Chefredakteur der Wiener Stadtzeitung »Falter« und Mitbesitzer des Falter-Verlags. Zuletzt erschienen die Bücher *Das Trauma, ein Leben. Österreichische Einzelheiten,* Zsolnay 1999, und *Heimniederlage. Nachrichten aus dem neuen Österreich,* Zsolnay 2000. 2001 erhielt er den Kurt-Vorhofer-Preis für Publizistik.

Heinz Rudolf Unger, geb. 1938 in Wien, 1953 Schriftsetzer, 1958 Verlagshersteller, 1960 Werbetexter, 1963 Zeitungsredakteur, seit 1969 freischaffender Schriftsteller. Schreibt Theaterstücke (z. B.: *Zwölfeläuten,* Haymon 2001), Romane (z. B.: *Karneval der Götter,* Haymon 1999), Lieder (z. B.: *Proletenpassion,* Extraplatte 1990), Lyrik, Libretti, Kinder- und Jugendbücher und Hörspiele.

Vladimir Vertlib, geb. 1966 in Leningrad, 1971 Emigration nach Israel. 1981, nach Stationen in Österreich, Niederlande, Israel, Rom, Österreich und den USA, endgültig Übersiedlung nach Österreich. VWL-Studium in Wien. Einige Jahre Statistiker und Länderanalytiker, seit 1993 freiberuflicher Schriftsteller, Sozialwissenschaftler, Übersetzer; Stipendien und Preise u. a.: Österreichischer Förderungspreis für Literatur 1999 und Adelbert-von-Chamisso-Förderpreis 2001. Wichtigste Publikationen: *Abschiebung,* Otto Müller 1995; *Zwischenstationen,* Deuticke 1999; *Das besondere Gedächtnis der Rosa Masur,* Deuticke 2001. Forschungsbeiträge zu den Themen Zuwanderung, Judentum und zur wirtschaftlichen Lage in der GUS.